Gottfried Orth

Miteinander reden – einander verstehen

Ausführliche Informationen zu jedem unserer lieferbaren und geplanten Bücher finden Sie im Internet unter ↗ http://www.junfermann.de. Dort können Sie unseren Newsletter abonnieren und sicherstellen, dass Sie alles Wissenswerte über das Junfermann-Programm regelmäßig und aktuell erfahren. – Und wenn Sie an Geschichten aus dem Verlagsalltag und rund um unser Buch-Programm interessiert sind, besuchen Sie auch unseren Blog: ↗ http://blogweise.junfermann.de.

GOTTFRIED ORTH

MITEINANDER REDEN – EINANDER VERSTEHEN

ARBEITSHEFT FÜR GEWALTFREIE KOMMUNIKATION IN DER SCHULE

Junfermann Verlag
Paderborn
2015

Copyright © Junfermann Verlag, Paderborn 2015

Coverfoto © Vesna Cvorovic – fotolia.com

Covergestaltung / Reihenentwurf Christian Tschepp

Illustrationen Barbara Hömberg, Hamburg

Satz JUNFERMANN Druck & Service, Paderborn

Bibliografische Information der Deutschen Bibliothek

Die Deutsche Bibliothek verzeichnet diese Publikation in der Deutschen Nationalbibliografie; detaillierte bibliografische Daten sind im Internet über http://dnb.ddb.de abrufbar.

ISBN 978-3-95571-425-3

Inhalt

Einführung

In der Schule reden ‚alle' miteinander und ‚viele' merken dabei, dass einander zu verstehen manchmal schwierig ist. Gewaltfreie Kommunikation will dazu beitragen, dass wir einander leichter verstehen, indem wir lernen, das einander mitzuteilen, was jetzt in diesem Moment in einem Menschen lebendig ist, seine einmaligen Gefühle und seine Bedürfnisse. Gefühle und Bedürfnisse für das Leben und Arbeiten in der Schule zu entdecken und sie lebensdienlich wahrzunehmen habe ich als hilfreich für Lernprozesse in ganz unterschiedlichen – schulischen wie außerschulischen – Kontexten erlebt.

Widersprechen einem solchen lebendigen Lernen aber nicht Arbeitsblätter, die in ganz anderen Zusammenhängen und dazu noch in ihren Entwürfen fernab von Schülerinnen und Schülern am Schreibtisch entstanden sind? Ja und Nein. Ja, wenn es lediglich bei ihrer Bearbeitung bleibt. Und nein, wenn sie als Anregung für weitergehende Lernprozesse dienen, wie ich es vielfach auf den folgenden Arbeitsblättern angedeutet habe, wenn sie also als Anstoß dienen, Gewaltfreie Kommunikationsformen und vor allem eine gewaltfreie Haltung im Zwangskontext Schule einzuüben, der zentral durch strukturelle Gewalt mitbestimmt ist.

Dies erscheint mir gerade heute entscheidend, wenn allerorten von gesellschaftlicher Militarisierung und dem außenpolitischen Paradigmenwechsel hin zu einer Militarisierung deutscher Politik die Rede ist. Dem gilt es, entschieden zu widersprechen[1] – auch dazu kann das Lernen und Einüben Gewaltfreier Kommunikation und ihrer Haltung beitragen.

Auf Bitten von Lehrerinnen und Lehrern, die die Bücher von Hilde Fritz und mir zur Gewaltfreien Kommunikation in der Schule[2] gelesen haben, erscheinen nun Arbeitsblätter für Schülerinnen und Schüler zum Einüben Gewaltfreier Kommunikation in den beiden Sekundarstufen, d. h. in den Klassen 5 bis 13 (bzw. 12). Dass diese Arbeitsblätter vor ihrem Erscheinen von Lehrerinnen und Lehrern gegengelesen und in vielen Punkten verbessert wurden, zeigt das große Interesse am Thema. Dafür danke ich ebenso wie Frau Barbara Hömberg für die Zeichnungen auf einzelnen Arbeitsblättern.

Die Reihenfolge der Arbeitsblätter orientiert sich auch am Aufbau des Lern- und Übungsbuches zur Gewaltfreien Kommunikation in der Schule. So beginne ich bewusst nicht mit der Kommunikationsmethode und ihren vier Schritten, sondern setze ein bei den Bedürfnissen als dem Zentrum Gewaltfreier Kommunikation. Ich halte dies didaktisch und methodisch für den besten Beginn, da die Schülerinnen und Schüler hier sofort merken: Es geht um mich und um das, was ich brauche![3]

Besonders wichtig im Kontext Gewaltfreier Kommunikation erscheint mir sodann die Wahrnehmung der eigenen Gefühle und der Gefühle anderer Menschen. Ich selbst lege hier in allen meinen Kursen mit Lehrerinnen und Lehrern wie mit Schülerinnen und Schülern und anderen Zielgruppen einen besonderen Schwerpunkt, da es mir wichtig erscheint, zu emotionaler Bildung immer wieder neu und verstärkt beizutragen. Heute ist dazu in unseren Schulen kaum noch Zeit vorgesehen, früher nannte man dies Herzensbildung – und es war ein wesentlicher Aspekt einer menschenfreundlichen Erziehung in Familien und Schulen … Die Arbeitsblätter laden auch dazu ein.

Gottfried Orth

Braunschweig und Rothenburg an Ostern 2015

GRUNDLAGEN

1. Sieh die Schönheit in mir ... GFK – eine ‚neue' Haltung

Sieh die Schönheit in mir
Suche nach dem Besten in mir
Das ist es, was ich wirklich bin
Und alles, was ich sein will
Es mag etwas Zeit brauchen
Es mag nicht leicht zu erkennen sein,
Doch sieh die Schönheit in mir

Sieh die Schönheit in mir
An jedem neuen Tag
Kannst du es wagen
Kannst du einen Weg finden
Mich durchscheinen zu sehen
In allem, was ich tue
Und die Schönheit in mir zu sehen

(Kathy & Red Grammer, „See Me Beautiful"[4])

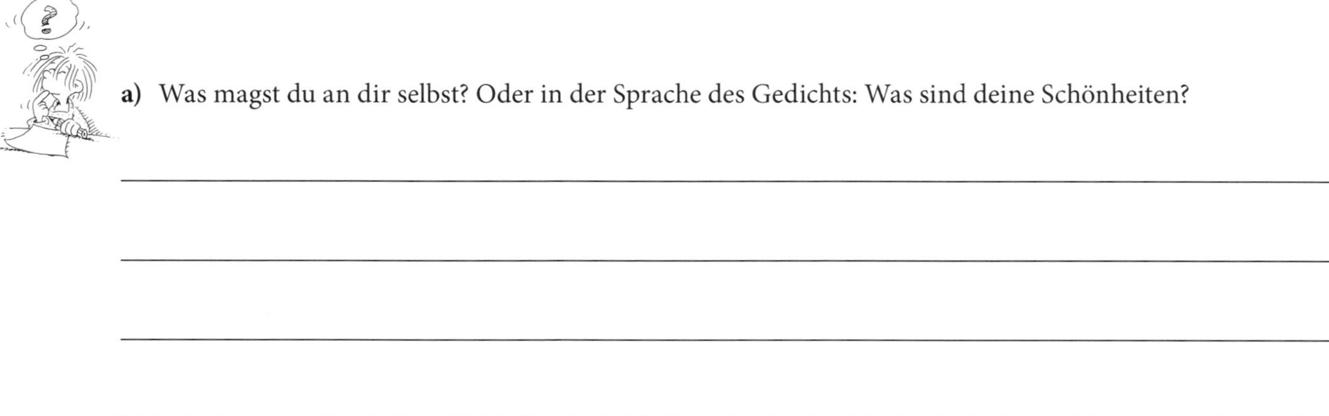

a) Was magst du an dir selbst? Oder in der Sprache des Gedichts: Was sind deine Schönheiten?

b) Wähle bitte einen Mitschüler / eine Mitschülerin aus deiner Klasse aus. Was magst du an ihm / an ihr?

(Wenn du magst, kannst du es ihm oder ihr mitteilen.)

c) Wähle bitte einen Lehrer / eine Lehrerin, der / die in deiner Klasse unterrichtet, aus. Was magst du an ihm / an ihr?

(Wenn du magst, kannst du es ihm oder ihr mitteilen.)

d) Stelle dir bitte vor, dass deine Lehrerinnen und Lehrer sich dir gegenüber so verhalten, wie es das Gedicht beschreibt. Was wäre dann anders als zuvor?

e) Stelle dir bitte vor, dass du dich gegenüber deinen Lehrerinnen und Lehrern und deinen Mitschülerinnen und Mitschülern so verhältst, wie es das Gedicht beschreibt. Was wäre dann anders als zuvor?

2. „Ich mag Menschen – und mich auch“

Ich mag es sehr, wenn andere mir sagen, dass das, was ich tue, wichtig ist, oder dass ich anderen etwas bedeute und wertvoll für sie bin. Das ist ein tolles Gefühl, wenn ich anerkannt werde und so mein Bedürfnis nach Wertschätzung erfüllt wird. Und mir macht es Freude und es tut mir gut, wenn ich anderen sagen kann, dass sie wichtig für mich sind und dass das, was sie gerade tun, mir hilft. Dann erfülle ich ihr Bedürfnis nach Wertschätzung. Marshall Rosenberg, der ‚Erfinder‘ der Gewaltfreien Kommunikation, schreibt: „Wenn ich mich dafür entscheide, in jedem Menschen seine Schönheit zu sehen, dann behandle ich auch mich selbst mit Liebe. Das habe ich mir nicht ausgedacht, alle Religionen sagen das auf ihre Weise: ‚Richtet nicht, so werdet ihr nicht gerichtet‘, ‚Liebe deinen Nächsten wie dich selbst‘.“[5]

a) Ich habe versucht, Wertschätzung zu beschreiben. Das ist gar nicht so einfach. Erinnere dich mal an eine Situation, in der dein Freund/deine Freundin dir gesagt hat, dass du wichtig für sie oder ihn bist und dass das, was du gerade tust, hilfreich ist und das Leben schöner macht. Schreibe deine Erinnerung in einigen Stichworten auf.

____

____

____

Erzähle deinem Freund oder deiner Freundin in der Klasse, woran du dich erinnert hast. Es tut gut, wenn man einander sagen kann, wie wichtig man ist.

b) „Liebe deinen Nächsten wie dich selbst.“ „Richtet nicht, so werdet ihr nicht gerichtet.“ Sind das für dich wichtige Sätze? Bitte begründe deine Zustimmung oder Ablehnung.

____

____

____

c) Wenn du diesen Sätzen nicht zustimmst, was würde sich für dich ändern, wenn du es probeweise versuchst?

____

____

____

IM ZENTRUM: BEDÜRFNISSE

3. Was brauche ich? – Über Bedürfnisse nachdenken[6]

Ein Beispiel: Menschen essen, weil sie Hunger haben und Nahrung brauchen. Menschen essen, weil ihnen langweilig ist, sie eigentlich Abwechslung oder Unterhaltung brauchen. Menschen essen, weil sie spüren möchten, dass sie da sind, sie eigentlich Liebe brauchen … Alle genannten Bedürfnisse – Nahrung, Abwechslung/Unterhaltung, Liebe – sind positiv, doch die Art und Weise, wie ich sie erfülle, kann tragische Folgen haben …

Die genannten (und noch viel mehr) Bedürfnisse haben alle Menschen – überall auf der Welt. Alle Bedürfnisse kann ich auf unterschiedliche Art erfüllen. Um die Bedürfnisse herauszufinden, die mir im Moment wichtig sind, kann ich mich fragen: „Was brauche ich jetzt?“

Alles, was Menschen tun, tun sie nicht einfach so, sondern sie tun es, weil sie sich damit ein Bedürfnis erfüllen möchten. Manfred Max-Neef, ein Wirtschaftswissenschaftler aus Lateinamerika, hat neun Grundbedürfnisse von Menschen herausgefunden, die alle Menschen sich überall auf der Welt erfüllen möchten. Diese neun Bedürfnisse sind[7]:

- Bedürfnisse des physischen Lebens (Wasser, Essen, Luft usw.)
- Sicherheit / Schutz
- Verständnis / Empathie
- Liebe
- Erholung / Spiel
- Kreativität
- Geborgenheit / Gemeinschaft
- Autonomie / Selbstwerdung / Selbstbestimmung
- Sinn / Inhalt

Marshall Rosenberg hat beobachtet, dass die meisten Menschen nicht gelernt haben, von ihren Bedürfnissen her zu denken. Wenn sich ihre Bedürfnisse nicht erfüllen, denken sie automatisch darüber nach, was andere Menschen falsch gemacht haben. Er erinnert sich: „Wir kritisieren unsere Kinder vielleicht, wenn sie die Mäntel auf der Couch liegen lassen, nur weil wir gerne möchten, dass die Mäntel im Schrank hängen." Statt zu kritisieren könnten wir auch sagen: „Ich möchte gerne, dass ich mich jederzeit auf die Couch legen kann, wenn ich mich ausruhen möchte. Bitte häng' deinen Mantel in den Schrank."

a) Was verändert sich für dich, wenn dein Vater oder deine Mutter so mit dir reden?

____

____

____

b) Noch ein Beispiel. Sagt jemand „Du verstehst mich nie", dann teilt er uns in Wirklichkeit mit, dass sich sein Bedürfnis nach Verständnis nicht erfüllt. Wenn du hörst „Du verstehst mich nie" oder „Ich wünsche mir so sehr, dass ich verstanden werde" – was ist der Unterschied für dich?

____

____

____

c) Oder: Sagt ein Kind zu seinem Vater „Du hast diese Woche jeden Abend ewig lange gearbeitet; du liebst deine Arbeit mehr als mich", dann meint es damit, dass sich sein Bedürfnis nach Nähe nicht erfüllt. Überlege mal, wie das Kind sagen könnte, was es braucht, ohne seinem Vater einen Vorwurf zu machen:

___

___

___

Wenn wir das, was wir brauchen, als Vorwurf an andere aussprechen oder als Kritik, dann wollen die meisten Menschen sich verteidigen oder sie starten einen ‚Gegenangriff'. Wenn wir aber sagen, was wir brauchen, dann ist die Chance viel höher, dass unsere Bedürfnisse erfüllt werden.

d) Eine kleine Übung zum Denken in Bedürfnissen. Übersetze die Sätze aus einem Denken in Vorwürfen in ein Denken in Bedürfnissen. Als Hilfe kannst du dazu die Bedürfnislisten auf S. 16 f. benutzen.

Denken in Vorwürfen, dass mit dem anderen was nicht stimmt	**Welches / welche Bedürfnis(se) hat vielleicht …**
Vater zum Kind: „Du räumst nie dein Zimmer auf!"	Der Vater:
Tochter zur Mutter: „Immer muss ich den Mülleimer runterbringen."	Die Tochter:
Lehrerin zur Schülerin: „Lena, du denkst wohl nie an dein Sportzeug."	Die Lehrerin:
Schüler zu Lehrer: „Seit drei Wochen warten wir jetzt schon auf die Rückgabe der Arbeit …"	Der Schüler:

4. | Bedürfnislisten von Gerlinde R. Fritsch[8]

Autonomie

- Seine eigenen Träume / Ziele / Werte bestimmen
- über das eigene Vorgehen bestimmen, wie diese Träume, Ziele und Werte realisiert werden können
- Freiheit
- Wahl
- Freiwilligkeit
- Privatsphäre
- Für-sich-Sein

Identität

- Authentizität
- etwas schaffen, Ursache sein
- Kompetenz
- Integrität (nach den eigenen Werten leben)
- Selbstbehauptung
- Selbstausdruck
- Einzigartigkeit, Individualität
- Selbstvertrauen (in die eigenen Kompetenzen und Fähigkeiten)
- Würde

Seelische Nahrung

- Geborgenheit
- Wärme
- Berührung, Körperkontakt, Zärtlichkeit
- Bindung
- Nähe
- Intimität
- Empathie (Wahrnehmen und Anerkennen der Gefühle)
- Fürsorge
- Trost
- Anteilnahme
- Mitgefühl
- Ermutigung
- Elternschaft
- Wertschätzung
- Liebe
- Freundlichkeit, Güte
- Beruhigung
- Aufmerksamkeit
- Bestätigung
- Verständnis
- Wahrnehmen
- Annahme (Toleranz für Unzulänglichkeiten, Begrenztheiten und Anders-Sein)
- Bewunderung
- Vertrauen
- Kontakt zur Natur

Sicherheit

- emotionale Sicherheit (Verlässlichkeit, Kontinuität, Beständigkeit, Diskretion, Behutsamkeit, Verbindlichkeit)
- Treue, Loyalität
- Ehrlichkeit (ehrliche Rückmeldung über unsere Worte und unser Verhalten, was es möglich macht, aus unserem bisherigen Verhalten und unseren Begrenztheiten zu lernen)

Kontakt mit anderen

- Gemeinschaft
- Rücksichtnahme
- Respekt
- Präsenz
- Unterstützung, Hilfe
- Zugehörigkeit
- Verständigung
- Menschlichkeit
- Zusammenarbeit
- Gerechtigkeit
- Austausch
- Einbezogen-Sein
- Offenheit
- Würdigung
- Kameradschaft, Freundschaft
- Gemeinsamkeit
- gemeinsame Werte
- gemeinsame Geschichte und / oder Kultur

Körperliche Bedürfnisse

- (Über-)Leben
- Luft
- Nahrung
- Wasser
- Licht
- Bewegung
- Kraft
- Schutz vor körperlichem Schaden
- Raum
- Unterkunft
- Kühle
- Wärme
- Rhythmus
- Spannung, Erregung
- Entspannung
- Ruhe, Erholung
- sinnliche Reize
- Sexualität
- Schlaf
- Wohlbefinden

Geistige Bedürfnisse

- Inspiration
- Abwechslung
- Entdecken
- Wissen
- Verstehen
- Herausforderung
- Wachstum, Entwicklung, Lernen
- Ordnung (Struktur, Klarheit)
- Bewusstheit, Selbstkenntnis
- Wirksamkeit
- Effektivität
- Kreativität
- Anregung der Sinne

Spiritualität und Sinn

- Weltorientierung
- zur Bereicherung des Lebens beitragen (Geben und Nehmen)
- Bedeutung, wichtig sein
- Sinn
- seinen Platz finden
- Verantwortung
- Arbeit, sinnvolle Tätigkeit
- Verbundenheit mit dem Leben
- Stille
- Selbsttranszendenz

Feiern

- Die Gestaltung eines erfüllten Lebens und wahr gewordene Träume feiern
- Verluste und Abschiede von geliebten Menschen, Träumen etc. feierlich begehen (Trauern)
- Leichtigkeit
- Lebendigkeit
- Erleben
- Spiel
- Spaß, Freude, Vergnügen
- Humor
- Rituale

Harmonie

- Balance
- Frieden
- Schönheit
- Ganzheit
- Stimmigkeit
- Gleichwertigkeit
- Gegenseitigkeit

5. Bedürfnisse – leicht verständlich erklärt

Bedürfnisse ...[9]	Brauchst du ...? Möchtest du ...?
Erholung	... freie Zeit, Zeit, in der dir keiner sagt, was du tun sollst, ...
Kreativität	... deine Kraft spüren, entdecken, was du schaffen kannst, etwas Neues machen, das zu dir passt, ...
Identität	... herausfinden, was du wirklich willst, verschiedene Sachen ausprobieren und sie wieder lassen können, wenn es dir damit nicht gut geht, ...
Freiheit	... selbst entscheiden, was für dich gut ist, ...
Autonomie	... selbst entscheiden, was du tust, selbst aussuchen, was du magst, wählen können, wie du etwas machst, ...
Authentizität	... sagen, was wirklich in dir los ist, tun, wonach dir wirklich ist, so sein können, wie du bist, ...
Sicherheit	... sehen können, dass es dir bei einer Sache gut gehen wird, ...
Kooperation	... dass alle miteinander etwas tun, wir zusammenhelfen, wir ein Team sind, ...
Effektivität/ (Selbst-)Wirksamkeit	... es schaffen können, dass sich Dinge ändern ... etwas erledigen/beenden, was du dir vorgenommen hast, ...
Gemeinschaft	... Freunde, dass jemand bei dir ist, dass jemand zu dir hält, ...
Frieden	... still sein, Ruhe haben, ...
Gleichbehandlung	... dass für alle dasselbe gilt, alle gleich viel bekommen, es gerecht zugeht ...
Zuneigung	... spüren, dass jemand nahe ist, sehen, dass jemand dich mag ...
Mitgefühl	... dass andere bemerken, was mit dir los ist, wie besonders es für dich ist, wie hart/schwer es für dich ist, ...
Einbezogensein	... dabei sein bei dem, was passiert, mitmachen, ...
Feiern	... zeigen, wie glücklich du dich fühlst, ...
Trauern	... zeigen, wie traurig du bist, ...
Anregung	... Spaß haben, etwas Neues tun, ...
Sinn	... etwas erfahren, fühlen, denken oder tun, das wirklich wichtig ist, ...
Kompetenz	... wirklich sicher sein, dass du es tun kannst, zeigen, dass du es schaffen wirst, ...

Bedürfnisse ...	Brauchst du ...? Möchtest du ...?
Wertschätzung	... dass andere bemerken, wie wichtig das ist, was du tust, wie wertvoll du für sie bist, ...
Ehrlichkeit	... dich darauf verlassen können, dass was einer sagt, auch stimmt, ...
etwas beitragen	... helfen können, teilen, ...
Gegenseitigkeit, Einvernehmen	... Menschen kennen, die dieselben Ideen haben, Freunde haben, die dasselbe wichtig finden, ...
Ordnung/Struktur	... deine Sachen gleich finden können, den Durchblick haben, was gerade passiert, ...
Beständigkeit	... darauf zählen können, dass es beim nächsten Mal wieder so ist, ...
Respekt	... dich darauf verlassen können, dass du akzeptiert und geachtet bist, ...
Rücksichtnahme	... dass deine Bedürfnisse und die der anderen zählen, dass Menschen bekommen, was sie brauchen, sicher sein, dass für alle gut gesorgt ist, ...
Unterstützung	... Hilfe, jemanden, der dich unterstützt, ...
Verbindung	... spüren können, dass du dazugehörst, ...

6. Die Freiheit nehm' ich mir: Gewaltfreie Kommunikation – ein neues Deutungsmuster

Klaus-Dieter Gens, ein Trainer in Gewaltfreier Kommunikation, schreibt in einem Buch: „Für mich ist Gewaltfreie Kommunikation ein verändertes Deutungssystem. Wir deuten das Verhalten oder die Worte eines anderen Menschen einfach anders. Wir deuten sie nicht mehr als Gemeinheit, als schädigend, als Gewalt, sondern wir deuten das, was ein anderer tut oder sagt, immer als den Versuch, ein Bedürfnis zu erfüllen.

Ich würde den Leuten sogar sagen: Setz dich mal hin und guck, was ein Mensch tut, und dann unterstelle ihm mal 20 positive Sachen. Eine ganz konkrete Übung: Beschreibe etwas und unterstelle dem Menschen sinnvolle Absichten und Bedürfnisse.

Dass die Leute überhaupt mal auf die Idee kommen, so etwas zu denken! Das ist eigentlich die Voraussetzung und die Herausforderung für Gewaltfreie Kommunikation."[10]

a) Bitte probiere diesen Vorschlag aus: Beschreibe, was ein Mensch (MitschülerInnen, LehrerInnen, Eltern oder jemand anderes) tut, das dich stört / nervt / ärgert oder dir unangenehm ist.

____

____

____

b) Und jetzt unterstelle ihm so viele positive Absichten oder Bedürfnisse, wie dir einfallen, warum er oder sie sich so verhält:

1. ______________________________________
2. ______________________________________
3. ______________________________________
4. ______________________________________
5. ______________________________________
6. ______________________________________
7. ______________________________________
8. ______________________________________

9. ____________________

10. ____________________

11. ____________________

12. ____________________

13. ____________________

14. ____________________

15. ____________________

16. ____________________

17. ____________________

18. ____________________

19. ____________________

20. ____________________

c) Verändert sich etwas für dich, wenn du dem / der anderen so viele positive Absichten oder Bedürfnisse unterstellst für das, was er oder sie tut, und was dich stört / nervt / ärgert oder dir unangenehm ist?

7. Meine persönliche Bedürfnis-Hitliste

a) Beschreibe bitte, was du in der Schule tun und wie du in der Schule arbeiten und leben möchtest, damit es dir richtig gut geht.

____

____

____

____

b) Welche Bedürfnisse wären erfüllt, wenn du in der Schule so leben und arbeiten könntest? Du kannst zu dieser Übung gerne die Bedürfnislisten auf S. 16 f. benutzen.

____

____

____

c) In welcher Situation warst du in letzter Zeit in der Schule sehr unglücklich oder frustriert?

____

____

____

d) Welche Bedürfnisse waren dabei nicht erfüllt?

____

____

____

e) Schreibe jetzt alle gefundenen Bedürfnisse auf ein Blatt. Im Moment sind das vermutlich deine wichtigsten Bedürfnisse in der Schule. Wenn du magst, kannst du darauf achten, dass du oder andere sie erfüllen können. Du kannst sie ja jederzeit ergänzen …

____

____

____

8. Was brauche ich eigentlich wirklich, wenn ich andere verurteile, beurteile oder beschimpfe?! – Eigene Bedürfnisse herausfinden

Manches Mal ist es gar nicht so einfach, Bedürfnisse hinter unerwünschtem Verhalten oder hinter Vorwürfen herauszufinden. Gerlinde Fritsch[11] hat dafür drei hilfreiche Ideen entwickelt:

a) „Heute bleibt die Küche kalt – Mutter macht Ferien …"

Du verurteilst ein konkretes Verhalten.

Beispiel: Die Mutter hat für ihre Kinder nichts gekocht.

Nimm das Gegenteil dieses Verhaltens: Sie kocht für die Kinder. Frage dich: Welches Bedürfnis wurde durch dieses (gegenteilige) Verhalten erfüllt? – Fürsorge, Wohlbefinden, Gesundheit.

Nicht erfüllt war also dadurch, dass die Mutter nichts für ihre Kinder gekocht hat, das Bedürfnis nach Fürsorge, Wohlbefinden, Gesundheit.

b) „So ein rücksichtsloser Typ …"

Du beurteilst jemanden.

Beispiel: „Er ist rücksichtslos und gefährlich."

Das Gegenteil des Urteils ist dein (unerfülltes) Bedürfnis: Rücksicht und Sicherheit.

Manchmal ist es schwer, das Gegenteil zu finden, z.B. bei dem Vorwurf: „Er ist ein Egoist." Finde dann eine Definition. Ein Egoist ist jemand, der sich nur um sich selbst kümmert. Und benenne anschließend das (gewünschte) Gegenteil: Sich um sich selbst und andere kümmern.

Finde das Bedürfnis dahinter. Fürsorge, Umsicht und dass das Wohl aller beachtet wird. Also steckt hinter dem Urteil „Er ist ein Egoist" dein unerfülltes Bedürfnis nach Fürsorge, Umsicht und danach, dass das Wohl aller erfüllt wird.

c) „So ein gemeiner Kerl …"

Du benutzt ein allgemeines Etikett oder Schimpfwort.

Beispiel: gemeiner Kerl.

Finde eine Definition: Ein gemeiner Kerl ist eine Person, die unfreundlich und gehässig ist. Benenne nun das (gewünschte) Gegenteil: Er ist freundlich und achtet andere. Finde das Bedürfnis dahinter: Freundlichkeit und Achtung sind deine unerfüllten Bedürfnisse.

d) Bitte übe, Bedürfnisse an folgenden Beispielen herauszufinden; dabei kannst du die Listen der Bedürfnisse auf S. 16 f. benutzen:

Der Lehrer hat mich heute überhaupt nicht beachtet.	
„Blödmann!“	
Mein Vater sieht nur noch seine Arbeit.	
Herr Y ist so hartherzig.	
„Den interessiert aber auch gar nichts!“	
Die Lehrerin nimmt immer nur Mädchen dran.	

9. | Das ist uns allen in der Schule wichtig[12]

Eine Schule in Norddeutschland hat einen Schulentwicklungsprozess mit Gewaltfreier Kommunikation realisiert. Dabei haben die Schülerinnen und Schüler gemeinsam mit dem Kollegium ein Bauklotzhaus entworfen, das all die Bedürfnisse festhält, die im Laufe dieses Prozesses für alle Beteiligten wichtig geworden sind:

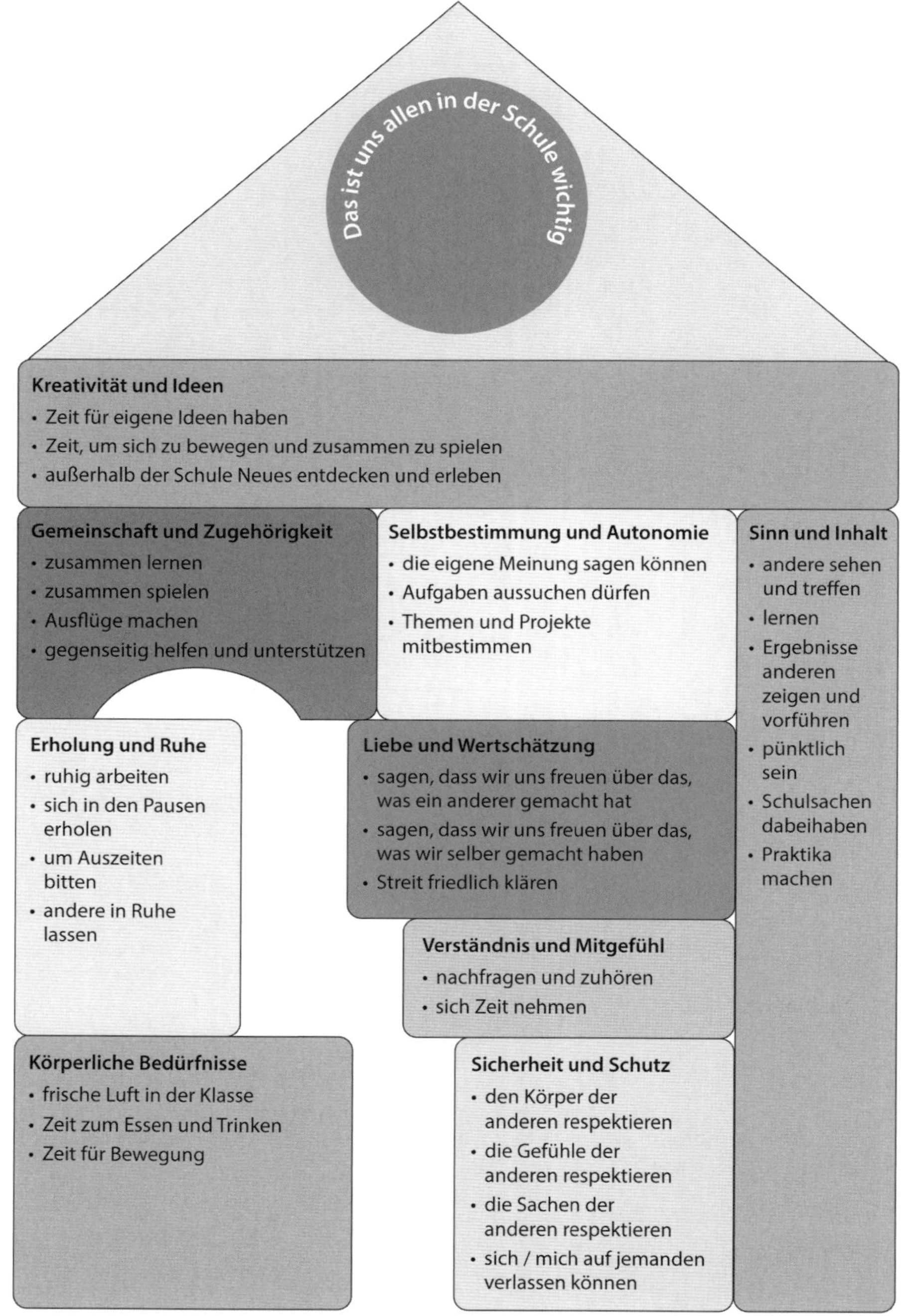

Bitte diskutiert in kleinen Gruppen, ob euch dies auch für euer Schulleben wichtig ist, was davon euch vielleicht mehr, was vielleicht weniger bedeutsam erscheint. Seht ihr in diesem von den Schülerinnen und Schülern so genannten Bauklotzhaus eine Alternative zu Klassen- und Schulregeln?

10. Warum nicht mal was anders machen?! – Strategien

Von Bedürfnissen unterscheiden wir in der GFK Strategien. Ihr lernt an der Schule ständig Schülerinnen und Schüler, Lehrerinnen und Lehrer und viele andere Menschen kennen. Ihr lest und schreibt, rechnet, baut Versuche auf, beobachtet, esst, trinkt, steht in der Pause mit anderen zusammen und vieles andere mehr. In der Sprache Gewaltfreier Kommunikation nennen wir dies alles „Strategien".

Strategien sind also alle konkreten Verhaltensweisen, Personen oder Personengruppen, durch die oder mit denen wir Bedürfnisse erfüllen können.

Bedürfnisse und Strategien verwechseln wir oft:

Ein Beispiel: Der Klassenlehrer sagt zu den Schülerinnen und Schülern: „Es ist mir ein großes Bedürfnis, dass ihr morgen pünktlich um 9 Uhr zur Exkursion an der Schule seid." Doch dies ist kein Bedürfnis, sondern die Bitte / Aufforderung zur Pünktlichkeit ist eine Strategie, um ein bestimmtes Bedürfnis des Klassenlehrers zu erfüllen. Welche Bedürfnisse könnten hinter „9 Uhr pünktlich" stecken?

Strategie	Mögliche Bedürfnisse
9.00 Uhr pünktlich	Klarheit
	Verlässlichkeit
	Planbarkeit
	Teamgeist
	Wertschätzung

a) Ein weiteres Beispiel: Welche Strategien fallen dir ein, um dir das Bedürfnis nach Erholung zu erfüllen?

Bedürfnis	Mögliche Strategien
Erholung	

Während Bedürfnisse im Verständnis von GFK immer angemessen, immer berechtigt und immer positiv sind, können Strategien lebensdienlich sein oder Leben zerstören. Sie können Bedürfnisse mehr oder weniger gut erfüllen. Strategien können für andere oder für dich selbst tragische Folgen haben. Ein Beispiel: Pit möchte gerne Kontakt mit Janine aufnehmen. Er geht auf sie zu, boxt sie auf den Oberarm und sagt zu ihr: „Hi du!“ Janine antwortet: „Au, du Idiot, du tust mir weh!“ Das Bedürfnis nach Kontakt / Gemeinschaft ist immer angemessen, immer berechtigt und immer positiv, die Strategie von Pit, Janine auf den Oberarm zu boxen, aber führt dazu, dass Janine nichts von ihm wissen will.

b) Was könnte Pit tun, um sein Bedürfnis zu erfüllen?

____

____

____

____

____

Je mehr Strategien uns für die Erfüllung eines Bedürfnisses zur Verfügung stehen, desto größer ist die Wahrscheinlichkeit, dass unser Bedürfnis so erfüllt wird, dass es für uns selbst und andere lebensdienlich ist.

Marshall Rosenberg sagte einmal: „Wenn dir nur eine Lösung einfällt, hast du das Problem nicht wirklich verstanden.“

11. Schmollst du noch oder lebst du schon? – Wie du dir deine Bedürfnisse erfüllen kannst: Strategien zu Bedürfnissen finden

a) Wähle drei der Bedürfnisse, die du auf deiner Bedürfnis-Hitliste als deine wichtigsten Bedürfnisse entdeckt hast. Notiere dann alle (!) Strategien, die dir einfallen, um diese Bedürfnisse (auch in unterschiedlichen Situationen) zu erfüllen.

Bedürfnis: ______________________________

Strategien:

____

____

____

Bedürfnis: ______________________________

Strategien:

____

____

____

Bedürfnis: ______________________________

Strategien:

____

____

____

b) Bitte überlege nun, welche der Strategien, die du notiert hast, aus deiner Sicht gewaltfrei sind, also solche, die Gewaltfreier Kommunikation entsprechen, und markiere diese. Je mehr solcher gewaltfreier Strategien dir zur Verfügung stehen, desto mehr Möglichkeiten hast du, deine Bedürfnisse so zu erfüllen, dass du dich damit anderen Menschen und dir selbst gegenüber gewaltfrei und wertschätzend verhältst.

GEWALTFREI SPRECHEN LERNEN: GEFÜHLE, BEOBACHTUNGEN, BITTEN

12. „Geht so" – „Cool" – „Geil" – Gefühle[13]

a) Stell dir bitte vor, du hast Urlaub, bist auf einer Mittelmeerinsel, die Sonne scheint, und es ist strahlendes Wetter. Du bist mit einer Gruppe dort. Bitte überlege, warum Max total happy, Linda ziemlich frustriert, Pit traurig ist und Cindy den Tag cool findet:

Max ist total happy, weil sein Bedürfnis nach ______________________________ erfüllt ist.

Linda ist ziemlich frustriert, weil ihr Bedürfnis nach ______________________________ nicht erfüllt ist.

Pit ist traurig, weil sein Bedürfnis nach ______________________________ nicht erfüllt ist.

Cindy findet den Tag cool, weil ihr Bedürfnis nach ______________________________ erfüllt ist.

Gefühle weisen hin auf die Lebendigkeit von Menschen: Menschen spüren, dass sie total happy, ziemlich frustriert, traurig sind oder den Tag cool finden. Das ist die eine wichtige ‚Aufgabe' von Gefühlen; die andere ist die, dass sie uns signalisieren, wenn Bedürfnisse von uns nicht erfüllt sind.

Gefühle brauchen immer einen Auslöser; in unserem Beispiel: der Urlaub auf einer Mittelmeerinsel mit Sonne und strahlendem Wetter. Doch Gefühle brauchen auch eine Ursache (ein erfülltes oder nicht erfülltes Bedürfnis).

Marshall Rosenberg erzählt

Ich habe einundzwanzig Jahre lang verschiedene amerikanische Bildungsstätten durchlaufen und kann mich nicht daran erinnern, dass mich einmal jemand gefragt hätte, wie ich mich fühle. Gefühle wurden einfach nicht als wichtig angesehen. Was sehr geschätzt wurde, war „die richtige Art zu denken" – und zwar nach der Definition unserer Lehrerinnen und Lehrer. Wir werden eher dazu trainiert zu schauen, was „richtig" und „falsch" ist. Wir lernen, „in unserem Kopf" zu sein und zu fragen: „Was halten die anderen für richtig in dem, was ich sage und tue?" Doch wir lernen selten, auf unsere Gefühle zu achten.

Eine Auseinandersetzung, die ich im Alter von neun Jahren mit einer Lehrerin hatte, macht deutlich, wie die Entfremdung von unseren Gefühlen ihren Anfang nehmen kann. Eines Tages versteckte ich mich nach der Schule im Klassenraum, weil draußen ein paar Jungen warteten, um mich zu verprügeln. Eine Lehrerin entdeckte mich und sagte mir, ich solle die Schule verlassen. Als ich ihr erklärte, dass ich Angst hätte rauszugehen, verkündete sie: „Große Jungs haben keine Angst." Ein paar Jahre später, im Sportunterricht, wurde diese Haltung noch mehr verstärkt. Es war typisch für die Trainer, ihre Sportler einzustufen nach deren Bereitschaft, „alles zu geben" und immer weiterzuspielen, egal wie weh ihnen gerade etwas tat. Ich lernte diese Lektion so gut, dass ich einmal mit einem gebrochenen, unbehandelten Handgelenk einen Monat lang weiter Baseball spielte.

b) Findest du es wichtig, über deine Gefühle zu sprechen? Bitte begründe deine Ansicht:

____

____

c) Gibt es Gefühle, die du besonders gerne magst?:

____

____

d) Gibt es Gefühle, die du nicht gerne magst?:

____

____

„Die Haltung der Gewaltfreien Kommunikation ist, dass alle Gefühle wertvoll sind, auch wenn sie erst einmal schwerer auszuhalten sind. Aber wenn wir nicht die Gefühle von Trauer, Angst oder Not spüren, dann spüren wir auch nicht die Bedürfnisse, die damit verbunden sind. Es ist so wie in der Homöopathie: Erst wird's schlimmer, wenn man mit dem Gefühl verbunden ist, aber dann löst es sich wieder. Und nur dadurch löst es sich – und nicht durch Unterdrücken und Negieren."[14]

e) Bitte nimm zu dem Zitat von Klaus-Dieter Gens Stellung. Begründe bitte, ob du mit ihm übereinstimmst oder nicht:

____

____

____

____

____

13. Was wir fühlen, wenn unsere Bedürfnisse erfüllt oder nicht erfüllt sind

Viele Menschen kennen lediglich zwei Bezeichnungen für Gefühle: „gut“ und „schlecht“. Schülerinnen und Schüler kennen oftmals mehr Bezeichnungen, z. B. „geil“, „scheiße“, „geht so“, „cool“. Schöner ist es, wenn wir uns einen reichen und vielfältigen Gefühlewortschatz erarbeiten. Zum einen erlebe ich mich selbst dadurch lebendiger, und zum anderen können Mitmenschen mit mir und dem, was ich wirklich fühle, leichter in Kontakt kommen.

Was wir fühlen, wenn unsere Bedürfnisse erfüllt sind[15]

- Abenteuerlust
- Achtung
- Anziehung
- Aufblühen
- Begehren
- Begierde
- Behagen
- Bewunderung
- Ehrfurcht
- Eifer
- Ekstase
- Erbarmen
- Feuer und Flamme
- Flow
- Frieden
- Gefallen
- Gemütlichkeit
- Genugtuung
- Genuss
- Gier
- Harmonie
- Heimatgefühl
- Hochachtung
- Innigkeit
- Intensität
- Lebensfreude
- Lebenswillen
- Leidenschaft
- Liebe
- Lust
- Milde
- Mitgefühl
- Mut
- Rausch
- Schadenfreude
- Spaß
- Staunen
- Sympathie
- Triumph
- Verehrung
- Vertrauen
- Vertrautheit
- Vorfreude
- Wärme
- Wohlwollen
- Wonne
- Zärtlichkeit
- Zuneigung
- Zutrauen
- Zuversicht

- amüsiert
- angeregt
- angetan
- angetörnt
- arglos
- aufgebaut
- aufgedreht
- aufgekratzt
- aufgeregt
- aufgewühlt
- ausgeglichen
- ausgelassen
- ausgeruht
- aus dem Häuschen
- außer sich
- beeindruckt
- beflügelt
- befreit
- befriedigt
- begeistert
- begierig
- beglückt
- belebt
- belustigt
- berauscht
- bereichert
- bereit
- berührt
- beruhigt
- besänftigt
- beschwingt
- besessen
- bewegt
- bezaubert
- dankbar
- elektrisiert
- energetisiert
- energievoll
- enthusiastisch
- entlastet
- entschlossen
- entspannt
- entzückt
- erfreut
- erfrischt
- erfüllt
- ergriffen
- erhaben
- erholt
- erleichtert
- erlöst
- ermutigt
- erquickt
- erotisiert
- erregt
- erstaunt
- euphorisch
- fassungslos (vor Glück)
- fasziniert
- fidel
- frei
- frisch
- fröhlich
- froh
- gebannt
- geborgen
- geehrt
- gefasst
- gefesselt
- gefordert
- gelassen
- gelöst
- gerührt
- geschützt
- gespannt
- gestärkt
- getröstet
- gesund
- glühend
- glücklich
- glückselig
- gut gelaunt
- heiter
- hingerissen
- hoffnungsvoll
- im siebten Himmel
- inspiriert
- interessiert
- klar
- kraftvoll
- kräftig
- lebendig
- lebenshungrig
- leicht
- locker
- lustig
- motiviert
- munter
- nah
- offen
- optimistisch
- ruhig
- sanft
- satt
- schwebend
- schwungvoll
- selig
- sicher
- sorglos
- stabil
- stark
- still
- stolz
- tatenhungrig
- übermütig
- überrascht
- überströmend (vor Liebe / Freude)
- überwältigt
- unbekümmert
- unbeschwert
- unbesorgt
- ungeduldig
- unternehmungslustig
- verblüfft
- vergnügt
- verliebt
- vernarrt
- verrückt (vor Freude)
- versunken
- verträumt
- verzaubert
- vital
- wach
- weich
- weit
- wohl
- zufrieden
- zuhause

Was wir fühlen, wenn unsere Bedürfnisse *nicht* erfüllt sind

- Abneigung
- Abscheu
- Angst
- Bedauern
- Beklemmung
- Ekel
- Furcht
- Grauen
- Groll
- Härte
- Hass
- Heimweh
- Kummer
- Leid
- Mitleid
- Panik
- Qual
- Reue
- Scham
- Scheu
- Schmerz
- Sehnsucht
- Trotz
- Überdruss
- Unmut
- Verachtung
- Verlangen
- Vorsicht
- Weltschmerz
- Widerstand
- Widerwillen
- Zweifel

- abgeschlagen
- abgeschnitten
- abgespannt
- abgestoßen
- abgestorben
- abgetrennt
- abwesend
- angestrengt
- ärgerlich
- alarmiert
- allein
- am Ende
- angefressen
- angespannt
- angestrengt
- angewidert
- antriebslos
- apathisch
- argwöhnisch
- aufgedreht
- aufgeregt
- aufgebracht
- aufgerieben
- aufgewühlt
- ausgebrannt
- ausgehungert
- ausgelaugt
- ausgelöscht
- ausgezehrt
- bedrückt
- befangen
- befremdet
- beklommen
- bekümmert
- belastet
- benommen
- besorgt
- betäubt
- bestürzt
- betroffen
- betrübt
- beunruhigt
- bitter
- blockiert
- deprimiert
- depressiv
- durcheinander
- dürstend
- eifersüchtig
- einsam
- elend
- empört
- energielos
- eng
- entkräftet
- entmutigt
- entsetzt
- enttäuscht
- erledigt
- ernüchtert
- erregt
- erschlagen
- erschöpft
- erschossen
- erschrocken
- erschüttert
- erstaunt
- fassungslos
- feindselig
- fertig
- fremd
- frustriert
- gebrochen
- gehemmt
- gehetzt
- geknickt
- gelähmt
- geladen
- gelangweilt
- genervt
- gereizt
- geschafft
- geschlaucht
- gestresst
- getrieben
- gleichgültig
- hilflos
- hoffnungslos
- irritiert
- jämmerlich
- kalt
- kaputt
- kleinmütig
- kraftlos
- krank
- kribbelig
- lahm
- lebensmüde
- leer
- lethargisch
- lustlos
- matt
- melancholisch
- miserabel
- missmutig
- mitgenommen
- müde
- mürrisch
- mulmig
- mutlos
- neidisch
- neugierig
- nervös
- niedergeschlagen
- ohnmächtig
- rastlos
- ratlos
- resigniert
- ruhelos
- sauer
- schlaff
- schockiert
- schuldig
- schutzlos
- schwach
- schwer
- schwermütig
- schwindelig
- starr
- träge
- traurig
- tot
- überfordert
- überlastet
- unangenehm berührt
- unbehaglich
- unbequem
- unberührt
- unbeteiligt
- unbewegt
- unentschlossen
- unerfüllt
- ungeborgen
- ungeduldig
- ungehalten
- unglücklich
- unruhig
- unsicher
- unter Druck
- unwohl
- unzufrieden
- verblüfft
- verdattert
- verdrießlich
- verdutzt
- verkrampft
- verlegen
- verletzlich
- verloren
- verschlossen
- verspannt
- versteinert
- verstimmt
- verstört
- verunsichert
- verwirrt
- verwundert
- verzagt
- verzweifelt
- wehmütig
- wissensdurstig
- wund
- wütend
- zappelig
- zermürbt
- zerrissen
- zerschlagen (am Boden) zerstört
- zögerlich
- zornig
- zugenagelt
- zwiespältig

14. Wie fühle ich mich, wenn ...

a) Bitte gehe nochmals zu deiner Bedürfnis-Hitliste und spüre den Gefühlen nach, die in dir lebendig sind, wenn du in der Schule so leben und arbeiten kannst, wie du es dir wünschst:

b) Spüre nun den Gefühlen nach, die lebendig sind, wenn du deine Bedürfnisse in der Schule nicht erfüllen kannst oder wenn sie nicht gesehen werden:

15. Wie kann ich erspüren, was ich brauche? – Gefühle und Bedürfnisse verknüpfen

Auf welche Bedürfnisse (Mehrzahl!) kann dieses Gefühl hinweisen? Du kannst dafür gerne die Bedürfnislisten nutzen.

Gefühl	Ich bin ...	Bedürfnisse
Abenteuerlust	abenteuerlustig	
Alleinsein, Einsamkeit	allein / einsam	
Angst	voll Angst	
Befangenheit	befangen	
Eifersucht	eifersüchtig	
Enttäuschung	enttäuscht	
Hemmung	gehemmt	
Hoffnungslosigkeit	hoffnungslos	
Langeweile	gelangweilt	
Neugierde	neugierig	
Scham	beschämt	
Schuld	schuldig	
Skepsis	skeptisch	
Verwunderung	verwundert	
Ungeduld	ungeduldig	

16. Einige Hinweise zum Verständnis von Gefühlen

Für diejenigen unter euch, die genauer wissen möchten, wie in Gewaltfreier Kommunikation Gefühle verstanden und ausgedrückt werden, sind hier einige Informationen zusammengestellt, die für Marshall Rosenberg zum Verständnis von Gefühlen wichtig sind.

Wie wir uns einen Gefühlewortschatz aufbauen

Wenn wir unsere Gefühle ausdrücken wollen, dann hilft es uns, Wörter zu benutzen, die spezifische Gefühle benennen, statt Wörter, die vage oder allgemein sind. Wenn wir z.B. sagen: „Ich habe ein gutes Gefühl dazu", dann kann das Wort gut bedeuten, dass wir glücklich sind, aufgeregt, erleichtert oder eine Vielzahl anderer Gefühle empfinden. Wörter wie gut oder schlecht verhindern, dass der Zuhörer mit dem, was wir wirklich fühlen, leicht in Kontakt kommen kann.

Gefühle im Gegensatz zu „Nicht"-Gefühlen

Eine häufig vorkommende Verwirrung wird durch unseren Sprachgebrauch ausgelöst: Wir sprechen oft das Wort fühlen aus, ohne damit wirklich ein Gefühl auszudrücken. So sollte man z.B. in dem Satz: „Ich habe das Gefühl, dass mir kein faires Angebot gemacht wurde" die Passage „ich habe das Gefühl" passender ersetzen durch „ich denke". Allgemein können wir sagen, dass Gefühle nicht klar ausgedrückt werden, wenn nach dem Wort fühlen Folgendes kommt:

1. Wörter wie „dass", „wie", „als ob":

„Ich habe das Gefühl, dass du es besser wissen solltest."
„Ich fühle mich wie ein Versager."
„Ich fühle mich, als ob ich mit einer Wand zusammenleben würde."

2. „Ich fühle mich missverstanden."

Hier weist das Wort missverstanden auf meine Einschätzung der Verständnismöglichkeiten eines anderen Menschen hin statt auf ein tatsächliches Gefühl. In dieser Situation fühle ich mich vielleicht ängstlich oder verärgert oder traurig oder irgendwie anders.

3. „Ich fühle mich ignoriert."

Das ist eher eine Interpretation des Verhaltens anderer als eine klare Aussage unserer Gefühle. Wenn wir denken, dass wir ignoriert werden, kann sich dies mal mit positiven Gefühlen verbinden (weil wir allein sein wollen), mal mit negativen (weil wir dazugehören wollen). Wörter wie „ignoriert" drücken statt unserer eigenen Gefühle eher unsere Interpretation anderer Menschen aus.[16]

17. Was war, was ist eigentlich los? – Beobachtung[17]

Wenn Marshall Rosenberg etwas über die „Beobachtung" schreibt, zitiert er gerne den indischen Philosophen Jiddu Krishnamurti: „Die höchste Form menschlicher Intelligenz ist es, zu beobachten, ohne zu bewerten." D. h. nicht, auf Werte zu verzichten, wohl aber, Beobachtung und Bewertung zu trennen.

a) Überlege mal und nenne mindestens drei Gründe, warum es so schwierig erscheint zu beobachten, ohne zu bewerten:

____

____

____

„Beobachtungen sind ein wichtiges Element in der GFK, wenn wir einem anderen Menschen klar und ehrlich mitteilen wollen, wie es uns geht. Wenn wir die Beobachtung mit einer Bewertung verknüpfen, vermindern wir die Wahrscheinlichkeit, dass andere das hören, was wir sagen wollen. Sie neigen dann eher dazu, Kritik zu hören, und wehren so ab, was wir eigentlich sagen wollen."[18]

Was unterscheidet folgende beide Wahrnehmungen?

1. „Pit, du hast schon wieder deine Hausaufgaben nicht gemacht!"
2. „Pit, du hast in dieser Woche in Deutsch dreimal deine Hausaufgaben nicht dabeigehabt."

b) Bitte nenne zunächst alle Unterschiede, die dir auffallen:

____

____

____

c) Wie klingt für dich 1. im Unterschied zu 2.?

____

____

____

d) Welche der beiden Formulierungen klingt für dich angenehmer? Bitte begründe deine Meinung:

____

____

____

Die folgenden Beispiele zeigen, wie Beobachtungen und Bewertungen vermischt werden und wie man sie voneinander trennen kann:

Beispiele: **Beobachtung vermischt mit Bewertung**	**Beispiele:** **Beobachtung getrennt von Bewertung**
1. Lehrerin: Jens, du hast schon wieder deine Hausaufgaben nicht gemacht.	Lehrer: Jens, du hast in dieser Woche in Deutsch dreimal deine Hausaufgaben nicht dabeigehabt.
2. Schülerin: Der Markus beleidigt mich andauernd in der Pause.	Schülerin: In der letzten Pause hat Markus zweimal „blöde Kuh" zu mir gesagt.
3. Schüler: Immer soll ich die Hefte einsammeln.	Schüler: Bei den letzten drei Klassenarbeiten haben Sie mich aufgefordert, die Hefte einzusammeln.

In Konflikten zwischen Schülern und Schülerinnen wie zwischen anderen Konfliktpartnerinnen und Konfliktpartnern stehen sich oftmals zwei oder mehr Beobachtungen gegenüber. In der Regel beginnt dann der Streit darüber, wer recht hat. Wollen wir gewaltfrei kommunizieren, bleiben die unterschiedlichen Beobachtungen stehen. Hier hat sich dann zu bewähren, dass es in Gewaltfreier Kommunikation kein ‚richtig' oder ‚falsch' gibt. Beide oder mehr Sichtweisen sind angemessen, weil jede Sichtweise die Beobachtung eines am Konflikt beteiligten Schülers / einer am Konflikt beteiligten Schülerin ist – sofern er oder sie benennen, was er oder sie gesehen, gehört, getan hat, und damit keine Wertungen verbindet …

18. | Beobachtungen formulieren lernen

a) Formuliere bitte die Beispiele in der linken Spalte der Tabelle so neu, dass die Beobachtung von der Bewertung getrennt wird.

Beispiele: Beobachtung vermischt mit Bewertung	Beobachtung getrennt von Bewertung
1. Schüler: Ich hab kein Bock auf Mathe.	
2. Schülerin: Deutsch ist immer soooo öde.	
3. Lehrerin: Nils, ich hab schon wieder gesehen, wie du in der Pause Anja genervt hast.	
4. Lehrer: Pit, deine Präsentation war Spitze!	
5. Schülerin: Ich lerne das nie!	
6. Schüler: Frau xy ist eine klasse Lehrerin.	
7. Schüler: Eigentlich hat Herr Mayer (Kunstlehrer) nie Lust auf Schule.	

b) Was verändert sich für dich, wenn du diese Sätze in gewaltfreie Sprache übersetzt? Was leuchtet dir daran ein, was vielleicht auch nicht?

Nicht zuletzt: Beobachtungen sparen viel Zeit. Wenn Pit zu Marc statt „Marc, du hast nie Zeit, wenn wir was zusammen unternehmen wollen“ sagt: „Marc, du hast in dieser Woche dreimal keine Zeit gehabt, als ich dich fragte, ob wir etwas zusammen unternehmen wollen“, dann brauchen sie nicht über „nie“ zu streiten und Marc braucht keinen Gegenangriff zu starten, weil er sich durch das „nie“ kritisiert fühlt. Marc wird wahrscheinlich der Beobachtung zustimmen, und beide haben einen gemeinsamen Ausgangspunkt für das nun folgende Gespräch.

19. | Gewaltfreie Kommunikation – ein Sprachmodell

Bedürfnisse, Gefühle und Beobachtungen sind drei wichtige Elemente des Kommunikationsmodells Gewaltfreier Kommunikation. Es gibt einen Formulierungsvorschlag Rosenbergs, der es uns einfacher macht, diese drei Aspekte zusammenzuführen. Er lautet:

> Wenn ich (Formulierung der konkreten Beobachtung), dann (Formulierung des Gefühls, das die Beobachtung in mir auslöst), weil mein Bedürfnis nach (Formulierung des Bedürfnisses) erfüllt / nicht erfüllt ist.

Ein Beispiel:

Wenn ich sehe, dass Leo heute zweimal den Legoturm von Noah umgeworfen hat, dann bin ich ärgerlich, weil mein Bedürfnis nach gemeinsamem Spielen nicht erfüllt ist.

Bitte wähle nun aus dem, was du in den Übungen 7 und 14 aufgeschrieben hast, zwei Beispiele aus und formuliere sie in Form des Sprachmodells der Gewaltfreien Kommunikation.

Wenn ich sehe / höre, ______________________________

______________________________,

dann bin ich ______________________________,

weil mein Bedürfnis nach ______________________________ nicht erfüllt ist.

Wenn ich sehe / höre, ______________________________

______________________________,

dann bin ich ______________________________,

weil mein Bedürfnis nach ______________________________ nicht erfüllt ist.

20. Bitten[19] statt fordern

Die drei ersten Elemente des Kommunikationsmodells Gewaltfreier Kommunikation sind Beobachtung, Gefühl und Bedürfnis:

„Wenn ich sehe / höre, dass (Beobachtung) ____

____,

dann bin ich (Gefühl) ____,

weil mein Bedürfnis nach ____ nicht erfüllt ist."

Offen bleibt noch, wie es möglichst gelingt, dass mein bisher nicht erfülltes Bedürfnis erfüllt wird. Die vierte und letzte Komponente des Modells widmet sich daher der Frage, um was wir andere (oder auch uns selbst) bitten möchten, damit unser Leben schöner wird, sich unsere Lebensqualität verbessert. Und die Frage lautet: Wie können wir unsere Bitten so formulieren, dass bei anderen die Bereitschaft steigt, einfühlsam auf unsere Bedürfnisse zu reagieren?

Wie wir alle wissen und hier sehen können, gibt es die unterschiedlichsten Ansichten darüber, was „Hilfe" sein kann. Angesichts solcher möglichen Missverständnisse kommt es darauf an, eine Bitte so zu formulieren, dass andere genau wissen, was wir jetzt brauchen.

Eine Bitte sollte deshalb so formuliert werden,

- dass sie sich auf das Hier und Jetzt bezieht, also sofort umsetzbar ist;
- dass sie konkret und handlungsbezogen ist;
- dass sie erfüllbar ist;
- und dass sie sich auf das, was du willst (Was genau soll jetzt beginnen?), bezieht und nicht auf das, was du nicht willst (Was soll aufhören?).[20]

Eine konkrete, handlungsbezogene, jetzt umsetzbare, positiv formulierte Bitte zu dem Comic, bei der wir jetzt annehmen, ein Mensch stünde am Ufer, könnte lauten:

„Hendrik, bitte wirf ein möglichst großes Holzstück zu mir ins Wasser, an dem ich mich festhalten kann."

21. Bitten oder fordern?

Bitten werden als Forderungen aufgefasst, wenn der andere davon ausgeht, dass er beschuldigt oder bestraft wird, wenn er nicht zustimmt. Wenn jemand eine Forderung von uns hört, dann sieht er nur zwei Möglichkeiten: Unterwerfung oder Rebellion. In beiden Fällen wird die bittende Person als jemand wahrgenommen, der Zwang ausübt, und so lässt die Bereitschaft des Zuhörers, einfühlsam auf die Bitte einzugehen, rapide nach.

Gewaltfreie Kommunikation in der Schule

Schulische Maßnahmen, Schulordnungen oder sog. ‚Klassenregeln', basieren auf Regeln und / oder Forderungen. Darauf kann man auf zweifache Weise reagieren: Man kann rebellieren oder sich ihnen unterwerfen. Rebellion führt schulisch zu immer wieder neuen, meist weiter eskalierenden Maßnahmen; Unterwerfung übergeht und ignoriert eigene wichtige Bedürfnisse.

Auf Bitten kann ich mit Ja und Nein antworten. Der oder die Bittende weiß dies und akzeptiert beide Antworten. Denn wenn jemand „Nein" sagt, hat er in dieser Situation zu etwas anderem „Ja" gesagt, und zwar zu etwas, was im Moment in ihm lebendig ist, im Moment sein Bedürfnis erfüllt.

Der Unterschied zwischen einer Bitte und einer Forderung wird somit daran deutlich, welchen Respekt ich Menschen entgegenbringe, die nicht tun, was ich gerne möchte.[21]

Wir können anderen helfen, uns zu vertrauen, dass wir bitten und nicht fordern, indem wir deutlich machen, dass wir nur dann ihre Zustimmung möchten, wenn sie freiwillig gegeben wird.

Menschen sind viel eher bereit, Bitten zu erfüllen, als sich Forderungen zu unterwerfen, weil Bitten das Bedürfnis nach Autonomie achten. Und Autonomie – ich möchte selbst bestimmen, was ich tue oder nicht tue – ist ein ausgesprochen starkes Bedürfnis.

22. Bitten üben

Bitte formuliere folgende Sätze in Bitten:

Schüler zu Schüler: Hör auf, mich zu nerven!	
Schüler zu Lehrer: Ich habe heute Nachmittag keine Zeit für Hausaufgaben.	
Lehrer zu Schülerin: Jetzt hör bitte endlich auf!	
Schülerin zu Schülerin: Gib mir mal schnell 'nen Stift.	
Lehrerin zu Schülerin: Jetzt halt mal endlich bitte deine Klappe!	
Schülerin motzig zu Lehrer: Ich hab heut echt kein Bock auf Schule mehr.	
Rektor zu Lehrer: Heute Nachmittag ist Konferenz, nicht vergessen.	

23. | Eine konkrete Bitte formulieren

a) In deiner Bedürfnis-Hitliste hast du aufgeschrieben, wie du dir das Leben und Arbeiten in der Schule wünschst, damit einige dir wichtige Bedürfnisse erfüllt werden. Später hast du aufgeschrieben, wie du dich fühlst, wenn sie erfüllt sind bzw. nicht erfüllt sind. Und du hast dann eine Beobachtung formuliert, die den Ausgangspunkt deiner Gefühle und der nicht erfüllten Bedürfnisse beschreibt. Bitte formuliere nun die Bitte dazu:

Wenn ich sehe / höre, dass ______________________________

______________________________,

dann bin ich ______________________________,

weil mein Bedürfnis nach ______________________________ nicht erfüllt ist.

Und ich bitte Lehrer / Lehrerin oder Schüler / Schülerin ______________________________

______________________________.

b) Nun denke bitte an die letzten beiden Schultage und was dich an ihnen gestört hat oder dir unangenehm war und formuliere nach dem Muster der vier Schritte Gewaltfreier Kommunikation etwas, was du dem Lehrer / der Lehrerin, der / die mit eurer Klasse Gewaltfreie Kommunikation einübt, gerne sagen möchtest:

Wenn ich sehe / höre, dass ______________________________

______________________________,

dann bin ich ______________________________,

weil mein Bedürfnis nach ______________________________ nicht erfüllt ist.

Und ich bitte Sie, ______________________________

______________________________.

Dies kannst du jetzt deinem Lehrer / deiner Lehrerin mitteilen. Und vielleicht bist du gespannt, wie er / sie darauf reagiert.

24. Ein „Nein“ auf meine Bitte hören und wertschätzend darauf reagieren können

„Die stärkste Art mitzuteilen, dass unsere Bitte echt ist, besteht darin, einfühlsam auf jemanden einzugehen, der nicht wie gewünscht auf unsere Bitte reagiert. Wir demonstrieren, dass wir eine Bitte und keine Forderung ausgesprochen haben, ganz besonders durch unsere Reaktion auf diejenigen, die nicht wunschgemäß auf unsere Bitte antworten: Wer auf unsere Bitte ablehnend reagiert, erfährt die gleiche Wertschätzung wie jemand, der sie bejaht.“[22]

Hinter diesen Gedanken Rosenbergs steht die Überzeugung, dass wer „Nein“ sagt, zuvor zu jemandem oder zu etwas anderem „Ja“ gesagt hat, dass sich also das „Nein“ in der Regel nicht gegen den Bittenden richtet. Deshalb ist es wichtig, auch bei einem „Nein“ im Gespräch zu bleiben.

Vielleicht sagt ja dein Lehrer / deine Lehrerin „Nein“ auf deine Bitte (vgl. Nr. 23). Dann hast du gleich eine Übungsmöglichkeit. Möglicherweise könntest du sagen:

Wenn ich höre, dass Sie „Nein“ auf meine Bitte sagen,

dann bin ich unzufrieden,

weil mein Bedürfnis nach Wertschätzung (oder nach Effektivität oder nach ...) nicht erfüllt ist,

und ich bitte Sie, mir jetzt zu sagen, was Sie davon abhält, mir die Bitte zu erfüllen.

So könnte das Gespräch weitergehen, bis beide – Schüler / Schülerin und Lehrer / Lehrerin – eine zufriedenstellende Lösung für sich gefunden haben.

25. Umgang mit einem „Nein“ üben: Wie kann es weitergehen nach einem „Nein, das kommt nicht infrage!“?

Bildet bitte Vierergruppen. Jede der Gruppen erhält einen Briefumschlag. In ihm ist die Übung mit einem / einer jeweils unterschiedlichen GesprächspartnerIn beschrieben. Bitte macht in den Kleingruppen diese Übung und stellt das Ergebnis dann eurer Klasse vor.

Übung

Bitte denkt euch zu viert eine Situation aus und schreibt einen kurzen (!) hinführenden Dialog auf, an dessen Ende die Mutter / der Vater sagt: „Nein, das kommt nicht infrage!“

Führt dann bitte den Dialog in GFK-Sprache weiter, indem ihr die vier Schritte anwendet (maximal drei- bis fünfmaliger Austausch nach der Botschaft).

Übung

Bitte denkt euch zu viert eine Situation aus und schreibt einen kurzen (!) hinführenden Dialog auf, an dessen Ende eine Mitschülerin / ein Mitschüler sagt: „Nein, das kommt nicht infrage!“

Führt dann bitte den Dialog in GFK-Sprache weiter, indem ihr die vier Schritte anwendet (maximal drei- bis fünfmaliger Austausch nach der Botschaft).

Übung

Bitte denkt euch zu viert eine Situation aus und schreibt einen kurzen (!) hinführenden Dialog auf, an dessen Ende ein Freund / eine Freundin sagt: „Nein, das kommt nicht infrage!“

Führt dann bitte den Dialog in GFK-Sprache weiter, indem ihr die vier Schritte anwendet (maximal drei- bis fünfmaliger Austausch nach der Botschaft).

Übung

Bitte denkt euch zu viert eine Situation aus und schreibt einen kurzen (!) hinführenden Dialog auf, an dessen Ende eure Lehrerin / euer Lehrer sagt: „Nein, das kommt nicht infrage!“

Führt dann bitte den Dialog in GFK-Sprache weiter, indem ihr die vier Schritte anwendet (maximal drei- bis fünfmaliger Austausch nach der Botschaft).

Übung

Bitte denkt euch zu viert eine Situation aus und schreibt einen kurzen (!) hinführenden Dialog auf, an dessen Ende der Schulleiter / die Schulleiterin sagt: „Nein, das kommt nicht infrage!“

Führt dann bitte den Dialog in GFK-Sprache weiter, indem ihr die vier Schritte anwendet (maximal drei- bis fünfmaliger Austausch nach der Botschaft).

ZUSAMMENFASSUNG

26. Das Kommunikationsmodell Gewaltfreier Kommunikation

Die Grafik bildet den Übergang von dem bisher erarbeiteten Kommunikationsmodell, mit Hilfe dessen ich mich selbst ausdrücken kann, zu der Möglichkeit, anderen gegenüber empathisch sein zu können. So dient sie einerseits einer Wiederholung ermöglichenden Zusammenfassung und andererseits dem Ausblick auf kommende Lern- und Gesprächsmöglichkeiten:

Vier Schritte im Selbstausdruck	Vier Schritte in der Empathie gegenüber anderen
Ehrlich ausdrücken, wie *ich* bin, ohne zu beschuldigen oder zu kritisieren	**Empathisch aufnehmen, wie *du* bist, ohne Beschuldigungen oder Kritik zu hören**
Beobachtungen	
1. Was ich beobachte (sehe, höre, an was ich mich erinnere, was ich mir vorstelle, frei von meinen Bewertungen), das zu meinem Wohlbefinden beiträgt oder nicht: ***„Wenn ich sehe / höre ...“***	1. Was du beobachtest (siehst, hörst, an was du dich erinnerst, was du dir vorstellst, frei von deinen Bewertungen), das zu deinem Wohlbefinden beiträgt oder nicht: ***„Wenn du siehst / hörst ...“*** (Wird beim Anbieten von Empathie manchmal weggelassen.)
Gefühle	
2. Wie ich mich fühle (Emotionen oder Empfindungen statt Gedanken) in Beziehung zu dem, was ich beobachte: ***„Ich fühle ...“***	2. Wie du dich fühlst (Emotionen oder Empfindungen statt Gedanken) in Beziehung zu dem, was du beobachtest: ***„Du fühlst ...“***
Bedürfnisse	
3. Was ich brauche oder schätze (statt einer Präferenz oder einer spezifischen Handlung), das meine Gefühle verursacht: ***„... weil ich brauche / mir wichtig ist ...“***	3. Was du brauchst oder schätzt (statt einer Präferenz oder einer spezifischen Handlung), das deine Gefühle verursacht: ***„... weil du brauchst / dir wichtig ist ...“***
Klar um etwas bitten, das mein Leben bereichern würde, ohne zu fordern	**Empathisch aufnehmen, was dein Leben bereichern würde, ohne irgendeine Forderung zu hören**
Bitten	
4. Die konkreten Handlungen, von denen ich mir wünsche, dass sie in die Tat umgesetzt werden: ***„Wärest du bereit zu ...?“*** ***„Und würdest du bitte ...“***	4. Die konkreten Handlungen, von denen du dir wünschst, dass sie geschehen: ***„Würdest du gern ...?“*** (Wird beim Anbieten von Empathie manchmal weggelassen.)

© Marshall Rosenberg

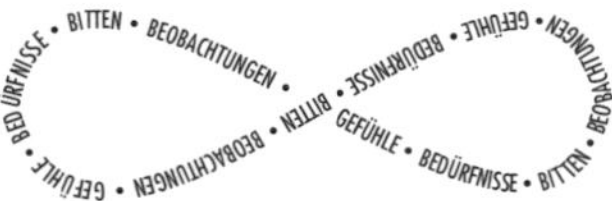

27. | Baumgrafik

Zeigt das Kommunikationsmodell, wie ich mich selbst ausdrücken und einfühlsam anderen Menschen zuwenden kann, so macht die Baumgrafik auf schöne Weise deutlich, was das Zentrum beider Sprachmöglichkeiten ist: die Verbindung mit mir selbst und mit dem, was in mir lebendig ist: meine Bedürfnisse und meine Gefühle. Hier gilt es, gut für sich selbst zu sorgen, was in unserer Kultur nicht selbstverständlich ist.

Schale der Liebe

Wenn du vernünftig bist, erweise dich als Schale, nicht als Kanal, der fast gleichzeitig empfängt und weitergibt, während jene wartet, bis sie gefüllt ist.

Auf diese Weise gibt sie das, was bei ihr überfließt, ohne eigenen Schaden weiter. Lerne auch du, nur aus der Fülle auszugießen, und habe nicht den Wunsch, freigiebiger als Gott zu sein. Die Schale ahmt die Quelle nach. Erst wenn sie mit Wasser gesättigt ist, strömt sie zum Fluss. Du tue das Gleiche! Zuerst anfüllen und dann ausgießen. Die gütige und kluge Liebe ist gewöhnt überzuströmen, nicht auszuströmen. Ich möchte nicht reich werden, wenn du dabei leer wirst.

Wenn du nämlich mit dir selbst schlecht umgehst, wem bist du dann gut? Wenn du kannst, hilf mir aus deiner Fülle; wenn nicht, schone dich.

Bernhard von Clairvaux (gest. 1153)

Besprecht den Text des mittelalterlichen Theologen auf dem Hintergrund der Grafik und diskutiert das Für und Wider einer solchen – heute eher selten gewordenen – Lebensweise.

VORAUSSETZUNG GEWALTFREIER KOMMUNIKATION: SELBSTEMPATHIE UND EMPATHIE

28. Selbstempathie – Wie komme ich in eine gute Verbindung mit mir selbst?

Selbstempathie meint: Ich spüre gut, was ich jetzt brauche. Ich nehme mich selbst wahr und bin mit meinen Bedürfnissen verbunden. Wenn ich Hunger habe, esse ich oder mache darauf aufmerksam, dass ich etwas zu essen brauche. Wenn ich traurig bin, weine ich und/oder will getröstet werden. Kinder können sich meist ganz spontan mit ihren Bedürfnissen verbinden. Sie sorgen gut für sich und spüren, wenn etwas mangelt. Wenn wir größer werden, verlernen wir das oft.

Doch gut für sich selbst zu sorgen (empathisch mit mir selbst sein können) könnt ihr immer wieder neu lernen – selbstverständlich ist es in unserer Kultur nicht. Doch ist eine gute Selbstfürsorge Voraussetzung für einfühlsame Kontakte mit anderen Menschen: Selbstempathie ist Voraussetzung für Empathie. Sie ist die Basis, die ‚kräftigende Wurzel', der ‚starke Stamm' Gewaltfreier Kommunikation.

Rosenberg schreibt einmal: „Wenn wir innerlich gewalttätig mit uns selbst umgehen, dann ist es schwierig, auf andere empathisch (einfühlsam) zu reagieren." Vielleicht kennt ihr auch so Redewendungen wie „Ich kann das ja nie", „Ich bin nichts wert", „Ein Einzelner kann da eh nichts tun", „Ich bin nicht gut genug", „Die Situation ist ‚alternativlos' und deshalb muss ich da durch", „Andere sind viel besser / schöner / schneller / liebenswerter als ich". Wenn uns solche kritischen Selbsteinschätzungen davon abhalten, unsere Kraft und unsere Handlungsmöglichkeiten zu erkennen, dann verlieren wir den Kontakt zu dem, was wir brauchen und möchten. Wir entwerten uns selbst. Demgegenüber lädt Gewaltfreie Kommunikation dazu ein, dass ich mich und andere nicht kleinmache.

a) Kennst du von dir, dass du mit solchen oder ähnlichen Sätzen gewalttätig mit dir selbst umgehst? Bitte überlege dies für dich selbst und notiere ein paar Beispiele.

____

____

____

b) Wie fühlst du dich, wenn du so von dir denkst?

____

____

____

c) Diskutiert in der Klasse die folgende These: Ich muss nicht immer perfekt sein. Ich bin zufriedener und glücklicher, wenn ich meine Arbeiten so gut, wie ich es kann, erledige – und dies kann nicht immer oder auch ganz oft nicht perfekt sein.

____

____

____

29. Was kann ich gut? – Übung zur Selbstwertschätzung

Was gefällt mir an mir? Was schätze ich an mir? – Diesen Fragen geht die folgende Übung nach[23]:

a) Was schätzt du an dir selbst in deinem schulischen Alltag? Benenne bitte Eigenschaften und Handlungen:

____

____

____

b) Wo setzt du diese Fähigkeiten ein? Wie drückt sich dies konkret aus?

____

____

____

c) Wie trägst du durch diese Handlungen und / oder Eigenschaften zum Wohl anderer bei?

____

____

____

d) Welche Bedürfnisse anderer erfüllst du damit?

____

____

____

e) Wie trägst du durch diese Handlungen und / oder Eigenschaften zum eigenen Wohl bei?

f) Welche eigenen Bedürfnisse erfüllst du dir damit?

30. Wie spüre ich, was ich brauche, wenn ich großen Ärger fühle? (1)

Ärger ist ein starkes Gefühl. „Ärger" empfinden Menschen unterschiedlich oft: Anlass können ganz unterschiedliche Erlebnisse sein. Doch was bedeutet es eigentlich, wenn ich mich ärgere? Marshall Rosenberg gibt folgenden Hinweis: „Ärger zeigt mir zwei Dinge: Ich bekomme nicht, was ich will, und gebe jemand anderem die Schuld dafür."[24] Wenn wir ärgerlich sind, dann suchen und finden wir Fehler bei den anderen. Wir beurteilen sie und wir überlegen, was am anderen falsch ist.

Als eine erste Übung notiere bitte, was dir einfällt, um den Satz „Ich mag Leute nicht, die sich … verhalten" zu vervollständigen. Und dann frage dich bei jedem einzelnen Stichwort: Wenn ich dieses Urteil über andere fälle, was brauche ich dann und bekomme es nicht? So lernst du, auf der Ebene deiner unerfüllten Bedürfnisse zu denken und weniger auf der Ebene der Beurteilungen anderer Menschen. Drei Beispiele sind schon in die Tabelle eingetragen. Ergänze nach diesem Muster so viele Beispiele, wie dir einfallen.

Ich mag Leute nicht, die sich … verhalten.	Was brauche ich und bekomme es nicht?
Hinterhältig	Ehrlichkeit und Klarheit
Ausländerfeindlich	Wertschätzung aller Menschen
Faul	Effektivität in der Zusammenarbeit

31. Wie spüre ich, was ich brauche, wenn ich großen Ärger fühle? (2)

Erinnere dich bitte an eine Situation aus der/den vergangenen Woche(n), in der du dich „richtig“ geärgert hast und wo du jetzt noch Ärger spürst, wenn du daran denkst.

a) **Beobachtung:** Was geschah genau? Was löste die Gefühle bei dir aus?

____

____

____

____

b) **Gefühle:** Welche Gefühle hattest du?

____

____

c) **Gedanken/Urteile:** Welche Gedanken – Interpretationen, Bewertungen, Urteile, Vorwürfe, Fantasien, Annahmen – und Verhaltensimpulse kommen dir in den Sinn?

____

____

____

d) Bedürfnisse: In welche nicht erfüllten Bedürfnisse lassen sich deine Urteile und Gedanken übersetzen? Welche unerfüllten Bedürfnisse steckten hinter deinen Gefühlen?

e) Formuliere zu dieser Situation eine **Bitte**, die du an dich selbst richten kannst:

f) Formuliere zu dieser Situation eine **Bitte**, die du an eine oder mehrere andere Person(en) richten kannst:

g) Wie fühlst du dich, nachdem du diese Übung gemacht hast?

h) Überlege, ob du die Bitte, die du formuliert hast, der anderen Person sagen möchtest.

Was spricht vielleicht dafür?

Was spricht vielleicht dagegen?

32. Momo

„War Momo vielleicht so unglaublich klug, dass sie jedem Menschen einen guten Rat geben konnte? Fand sie immer die richtigen Worte, wenn jemand Trost brauchte? Konnte sie weise und gerechte Urteile fällen?

Nein, das alles konnte Momo ebenso wenig wie jedes andere Kind.

Konnte Momo dann vielleicht irgendetwas, das die Leute in gute Laune versetzte? Konnte sie zum Beispiel besonders schön singen? Oder konnte sie – weil sie doch in so einer Art Zirkus wohnte – am Ende gar tanzen oder akrobatische Kunststücke vorführen?

Nein, das war es auch nicht.

Konnte sie vielleicht zaubern? Wusste sie irgendeinen geheimnisvollen Spruch, mit dem man alle Sorgen und Nöte vertreiben konnte? Konnte sie aus der Hand lesen oder sonst wie die Zukunft voraussagen?

Nichts von alledem.

Was die kleine Momo konnte wie kein anderer, das war: Zuhören. Das ist doch nichts Besonderes, wird nun vielleicht mancher Leser sagen, zuhören kann doch jeder.

Aber das ist ein Irrtum. Wirklich zuhören können nur ganz wenige Menschen. Und so wie Momo sich aufs Zuhören verstand, war es ganz und gar einmalig.

Momo konnte so zuhören, dass dummen Leuten plötzlich sehr gescheite Gedanken kamen. Nicht etwa, weil sie etwas sagte, was den andern auf solche Gedanken brachte, nein, sie saß nur da und hörte einfach zu, mit aller Aufmerksamkeit und aller Anteilnahme. Dabei schaute sie den andern mit ihren großen, dunklen Augen an, und der Betreffende fühlte, wie in ihm auf einmal Gedanken auftauchten, von denen er nie geahnt hatte, dass sie in ihm steckten.

Sie konnte so zuhören, dass ratlose und unentschlossene Leute auf einmal ganz genau wussten, was sie wollten. Oder dass Schüchterne sich plötzlich frei und mutig fühlten. Oder dass Unglückliche und Bedrückte zuversichtlich und froh wurden. Und wenn jemand meinte, sein Leben sei ganz verfehlt und bedeutungslos und er selbst nur irgendeiner unter Millionen, einer, auf den es überhaupt nicht ankommt und der ebenso schnell ersetzt werden kann wie ein kaputter Topf – und er ging hin und erzählte alles das der kleinen Momo, dann wurde ihm, noch während er redete, auf geheimnisvolle Weise klar, dass er sich gründlich irrte, dass es ihn, genauso wie er war, unter allen Menschen nur ein einziges Mal gab und dass er deshalb auf seine besondere Weise für die Welt wichtig war.

So konnte Momo zuhören!“[25]

Bitte besprecht in kleinen Gruppen, was das Besondere an Momos Zuhören war, und notiert mindestens fünf Kennzeichen von Momos Zuhören.

33. Empathie – Eine gute Verbindung zu anderen Menschen finden

„Momo konnte so zuhören, dass dummen Leuten plötzlich sehr gescheite Gedanken kamen. Nicht etwa, weil sie etwas sagte, was den andern auf solche Gedanken brachte, nein, sie saß nur da und hörte einfach zu, mit aller Aufmerksamkeit und aller Anteilnahme. Dabei schaute sie den andern mit ihren großen, dunklen Augen an, und der Betreffende fühlte, wie in ihm auf einmal Gedanken auftauchten, von denen er nie geahnt hatte, dass sie in ihm steckten."

Eine Weisheit Buddhas formuliert dies so: „Versuche nicht, etwas in Ordnung zu bringen, sondern sei einfach da."[26]

Thich Nhat Hanh, ein in Europa lebender buddhistischer Mönch, schreibt in einem seiner Bücher: „Wenn du verstehst, kannst du nicht anders, als zu lieben. Du kannst nicht ärgerlich werden. Um das Verstehen zu entwickeln, musst du üben, alle Lebewesen mit den Augen des Mitgefühls zu betrachten. Wenn du verstehst, kannst du nicht anders, als zu lieben. Und wenn du liebst, handelst du ganz natürlich auf eine Weise, die das Leiden der anderen lindern kann."[27]

Was Michael Ende in der Geschichte von Momo beschreibt oder was die Weisheit Buddhas formuliert oder was Thich Nhat Hanh zum Verstehen denkt, nennen wir in GFK Empathie:

Dieses intensive ‚Dasein' und diese besondere Art des Zuhörens bedeuten: Ich höre zu und versuche zu verstehen. Ich bin jetzt da und bereit, alles das zu verstehen, was dich bewegt, was dir wichtig ist, was du mitteilen möchtest. Ich kommentiere nicht, ich werte nicht, ich beurteile nicht, ich diagnostiziere nicht. Ich wende mich dir liebevoll zu, um zu erfassen, wonach du dich sehnst und was deine Freuden und was deine Schmerzen sind.

a) Wie ergeht es dir, wenn dein bester Freund / deine beste Freundin, deine Mutter und / oder dein Vater oder jemand anderes dir so zuhört?

____

____

____

____

b) Hast du schon einmal versucht, so intensiv und zugewandt jemandem zuzuhören? Wie erging es dir dabei?

____

____

____

____

34. | Empathie üben (1)

Bilde mit zwei Mitschülern oder Mitschülerinnen eine Dreiergruppe, in der ihr übt, aufmerksam und respektvoll zuzuhören – vielleicht ja so wie Momo … Vereinbart bitte, wer als Erster / Erste redet, wer zuhört und wer die beiden beobachtet.

Der Redende berichtet von einem Erlebnis, das ihn entweder sehr frustriert oder richtig begeistert hat. Der Hörende hört zu und wiederholt jeweils, was er verstanden hat. Der Redende berichtet weiter, wenn er den Eindruck hat, verstanden worden zu sein. Wenn nicht, wiederholt er in anderen Worten das bereits Mitgeteilte. Dieses Reden und das aktive Zuhören dauern insgesamt etwa fünf Minuten. Der Beobachtende nimmt wahr.

Es folgt ein kleines Feedback, das der Beobachtende (Antwort auf die Frage: Was ist mir aufgefallen?) beginnt, der Zuhörende (Antwort auf die Frage: Wie ging es mir beim Zuhören?) fortführt und der Redende (Antwort auf die Frage: Wie fühlte ich mich, wenn mir so aktiv zugehört wird?) abschließt. Jeder hat maximal zwei Minuten Zeit für sein Feedback.

Dann wechseln die Rollen noch zweimal, bis jeder / jede einmal in jeder Rolle war.

In der Klasse folgt ein gemeinsames Gespräch zu zwei Fragen:
- Was ist uns beim Zuhören aufgefallen?
- Was ist für ein aufmerksames und respektvolles Zuhören wichtig?

35. | Empathie üben (2)

Bilde ein weiteres Mal mit zwei Mitschülerinnen oder Mitschülern eine neu zusammengesetzte Dreiergruppe, in der ihr übt, im Sinne Gewaltfreier Kommunikation empathisch (einfühlsam) zuzuhören. Vereinbart bitte, wer als Erste redet (A), wer zuhört (B) und wer die beiden beobachtet (C).

A berichtet von einem Erlebnis, das sie emotional berührt hat. B fragt zunächst, ob er das Erlebnis angemessen verstanden hat und eine Beobachtung wiedergeben kann, der A zustimmt. Sodann fährt B fort: Wenn ich höre, dass du … (Beobachtung), warst du da eher … (Gefühl)? Es antwortet A. Dieser Gesprächsabschnitt dauert so lange, bis B das Gefühl von A erfragt hat. B fasst zusammen: Wenn ich höre, dass du … Da warst du …, weil dein Bedürfnis nach … nicht erfüllt war? Auch dieser Gesprächsabschnitt dauert so lange, bis B das Bedürfnis von A wahrgenommen hat. B fasst wiederum zusammen: Wenn ich sehe, dass du … Und du warst dann …, weil dein Bedürfnis nach … nicht erfüllt war. Worum möchtest du gerne bitten?

In der Beschreibung klingt dies furchtbar kompliziert, etwa so, wie wenn man jemandem erklärt, wie das Gehen oder das Fahrradfahren funktioniert. Im Üben dagegen ist es viel einfacher. Und wenn es gelingt, dies in einer spielerischen Form zu machen, macht es Freude, die GFK-(Fremd-)Sprache auszuprobieren.

Es folgt dann wieder in der Kleingruppe eine kurze Auswertung in der Reihenfolge C, B und abschließend A. Dann wechseln die Rollen noch zweimal, bis jeder / jede einmal in jeder Rolle war.

Entscheidend ist zum einen, dass wir, wenn wir empathisch sein wollen, Gefühle und Bedürfnisse als Vermutungen erfragen, denen der Gesprächspartner oder die Gesprächspartnerin zustimmen kann oder auch nicht, was dann zum weiteren Nachfragen veranlasst. Die ‚Hoheit' über die eigenen Gefühle und Bedürfnisse liegt immer bei dem- oder derjenigen, dem / der wir Empathie schenken wollen.

Und entscheidend ist zum Zweiten, dass in keiner Situation irgendwie Wertungen zur Sprache kommen: Ich kommentiere nicht, ich werte nicht, ich beurteile nicht, ich diagnostiziere nicht. Ich höre zu und versuche, zu verstehen.

In einem Auswertungsgespräch im Klassenplenum besprechen Schülerinnen und Schüler mit ihrem Lehrer oder ihrer Lehrerin, wie es den Gruppen bei diesen Gesprächen ergangen ist und wie sie es empfinden, dass Gespräche möglich sind, ohne dass einer wertet, eine kommentiert oder einer über einen anderen urteilt oder irgendwie ein Schuldiger / eine Schuldige gesucht wird. Gemeinsam kann dann vereinbart werden, in einer bestimmten Schulstunde jede Woche die GFK-(Fremd-)Sprache zu üben.

36. | ZVSBE-Spiel

Für jede Übungsgruppe braucht ihr sechs Gruppenmitglieder: Die Gruppe bekommt sechs Karten, auf jeder steht nur ein Wort: Problem, Vergleich, Zuspruch, Sympathie, Bagatellisierung, Empathie – und außer bei der Problemkarte das entsprechende Satzmuster (siehe Tabelle unten).

Ein Gruppenmitglied denkt sich ein „Problem“ aus und spricht es aus. Die anderen reagieren entsprechend ihrer Kartenaufgabe mit „Zuspruch“, „Vergleich“, „Sympathie“, „Bagatellisierung“ oder „Empathie“ – bezogen auf dieses spezielle „Problem“. Das Gruppenmitglied mit dem „Problem“ versucht, nach der Runde die Reaktionen zu identifizieren: „Zuspruch“, „Vergleich“, „Sympathie“, „Bagatellisierung“ und „Empathie“ – und hat am Ende die Möglichkeit, den anderen mitzuteilen, was die unterschiedlichen Botschaften bei ihm oder ihr ausgelöst haben. Es geht nicht um „richtig“ oder „falsch“, sondern um unterschiedliche Kommunikationsmöglichkeiten und wie ihr diese empfindet.

Beispiel

Problem: „Mir ist heute ein Fingernagel abgebrochen.“

Zuspruch: „Ach, der wächst doch nach. Du wirst sehen, in drei Wochen ist alles wieder in Ordnung.“

Vergleich: „Da geht's dir ja noch gut, meiner Freundin sind gestern vier Fingernägel abgebrochen.“

Sympathie: „Oh, wie schrecklich, das hatte ich auch mal. Da bin ich morgens zum Einkaufen gefahren und hab mir am Einkaufswagen einen Fingernagel abgebrochen. Direkt morgens. Das war vielleicht schlimm, denn ich musste ja anschließend noch in die Schule ...“

Bagatellisierung: „Stell dich nicht so an, Hauptsache, deine Finger waren noch alle da ...“

Empathie: „Bist du besorgt, weil du sicher sein willst, dass du gut aussiehst?“

(So in etwa, auf „Richtiges“ kommt es gar nicht an.)

Ein weiteres Beispiel aus dem Schulalltag

Problem: „Herr X, das können Sie nicht machen, Sie können mir doch keine 5 auf meine Klassenarbeit geben.“

Zuspruch: „Das ist doch so tragisch nicht. Du kannst das doch locker mit anderen Noten ausgleichen. Also: Keine Sorge!“

Vergleich: „Im Vergleich zu anderen hast du es mit deinen Ausgleichsmöglichkeiten doch wirklich gut.“

Sympathie: „Ach weißt du, ich habe in der Schule auch die eine oder andere 5 geschrieben, und das war nur zuerst schlimm. Mir war das auch zuerst ganz unangenehm und ich mochte das gar keinem sagen. Irgendwie ging's dann schon wieder, und mein Lehrer hat immer gesagt, aus Fehlern könne man lernen ... Und du siehst ja, aus mir ist dann auch noch was geworden ...“

Bagatellisierung: „Das macht doch nichts. Morgen hast du das eh wieder vergessen.“

Empathie: „Bist du jetzt traurig und enttäuscht, weil du Anerkennung deiner Mühe und Verständnis für die vielen Schwierigkeiten beim Schreiben der Arbeit brauchst? ... Vielleicht brauchst du ja auch Unterstützung bei der Vorbereitung der Wiederholung der Klassenarbeit? ...“

Zur Vorbereitung des Spiels sind auf festerem Karton Kärtchen zum Ausschneiden auszudrucken (ein Set besteht jeweils aus sechs Kärtchen; auf jedes Kärtchen kommt das Stichwort und – außer beim Problem – der Beispielsatz):

Problem

Zuspruch: Das schaffst du schon… (z.B.: Du bist doch gesund und stark).

Vergleich: Da geht's dir ja noch gut, andere sind viel schlimmer dran.

Sympathie: Das ist ja schrecklich, das hatte ich auch mal. Bei mir war das so und so und so …

Bagatellisierung: Stell dich nicht so an! Sooo schlimm ist das ja auch nicht.

Empathie: Bist du … (Gefühl), weil dir … (Bedürfnis) wichtig ist?

Problem	Problem	Problem
Zuspruch: Das schaffst du schon ... (z.B.: Du bist doch gesund und stark).	Zuspruch: Das schaffst du schon ... (z.B.: Du bist doch gesund und stark).	Zuspruch: Das schaffst du schon ... (z.B.: Du bist doch gesund und stark).
Vergleich: Da geht's dir ja noch gut, andere sind viel schlimmer dran.	Vergleich: Da geht's dir ja noch gut, andere sind viel schlimmer dran.	Vergleich: Da geht's dir ja noch gut, andere sind viel schlimmer dran.
Sympathie: Das ist ja schrecklich, das hatte ich auch mal. Bei mir war das so und so ...	Sympathie: Das ist ja schrecklich, das hatte ich auch mal. Bei mir war das so und so ...	Sympathie: Das ist ja schrecklich, das hatte ich auch mal. Bei mir war das so und so ...
Bagatellisierung: Stell dich nicht so an! Sooo schlimm ist das ja auch nicht.	Bagatellisierung: Stell dich nicht so an! Sooo schlimm ist das ja auch nicht.	Bagatellisierung: Stell dich nicht so an! Sooo schlimm ist das ja auch nicht.
Empathie: Bist du ... (Gefühl), weil dir ... (Bedürfnis) wichtig ist?	Empathie: Bist du ... (Gefühl), weil dir ... (Bedürfnis) wichtig ist?	Empathie: Bist du ... (Gefühl), weil dir ... (Bedürfnis) wichtig ist?

ANHANG

Didaktisch-methodische Hinweise zu einem überraschungsoffenen Umgang mit den Arbeitsblättern

Ich möchte hier lediglich auf zwei Punkte hinweisen.

Nach meinem Verständnis sind die Arbeitsblätter Ausgangspunkte für lebendiges und deshalb letztlich überraschendes und nicht planbares Lernen und Kommunizieren. Lehrerinnen und Lehrer werden wie die Schülerinnen und Schüler zu einem gewaltfreien und einander wertschätzenden Umgang innerhalb der Schule verlockt. Die in den Arbeitsblättern angebotenen Aufgaben und Übungen setzen bei Lehrerinnen und Lehrern – und darin liegt eine bedeutsame Herausforderung – die gleiche Bereitschaft zu Veränderungen voraus wie bei Schülerinnen und Schülern.

Zum anderen sehe ich unterschiedliche Möglichkeiten, die Reihenfolge der Arbeitsblätter zu wählen:

- Sie können die Arbeitsblätter in der hier angegebenen Reihenfolge nutzen. Dies entspricht einer vielfach von mir erprobten Seminarpraxis, in der ich den Schwerpunkt auf die Haltung Gewaltfreier Kommunikation lege, deshalb bei den Bedürfnissen beginne und dann erst die Aufmerksamkeit auf die Methode der vier Schritte richte.
- Sie können die Reihenfolge freilich auch so wählen: Einführung: 1, 2, 6; Beobachtung: 17–19; Gefühle: 12–16; Bedürfnisse: 3, 5, 7–11; Bitte: 20–25; zwei Zusammenfassungen: 26, 27 und anschließend 28 ff.
- Schließlich können Sie beginnen mit den beiden zusammenfassenden Grafiken (26 und 27), daran anschließend die drei Einführungsblätter (1, 2 und 6), dann die vier Schritte (17–19, 12–16, 3, 5, 7–11 und 20–25) und dann 28 ff.
- Und natürlich können Sie im Zusammenhang ganz unterschiedlicher Unterrichtsvorhaben einzelne Arbeitsblätter verwenden, z. B. wenn es um emotionale Erziehung geht, die Nummern 12–16.

Bezüge zwischen den Arbeitsblättern und dem Buch von Hilde Fritz und mir „Gewaltfreie Kommunikation in der Schule. Wie Wertschätzung gelingen kann". Paderborn 2013:

Arbeitsblätter	Buch
1 und 2	Kapitel 1
3–8	Kapitel 2.1
10 und 11	Kapitel 2.3
12–16	Kapitel 2.2
17–25	Kapitel 3
26	Kapitel 1
27–31	Kapitel 4.1 bis 4.3 und Kapitel 6.5
32–36	Kapitel 4.4 und 4.5

Marshall Rosenberg im Kontext der US-amerikanischen Bürgerrechtsbewegung mit Martin Luther King

Rosenberg wurde am 6. Oktober 1934 in Canton, Ohio, geboren. Rosenberg schreibt: „Weil ich glaube, dass die Freude am einfühlsamen Geben und Nehmen unserem natürlichen Wesen entspricht, beschäftige ich mich schon viele Jahre meines Lebens mit zwei Fragen: Was geschieht genau, wenn wir die Verbindung zu unserer einfühlsamen Natur verlieren und uns schließlich gewalttätig und ausbeuterisch verhalten? Und umgekehrt, was macht es manchen Menschen möglich, selbst unter den schwierigsten Bedingungen mit ihrem einfühlsamen Wesen in Kontakt zu bleiben?

Ich begann, mich mit diesen Fragen in meiner Kindheit während des Sommers 1943 zu beschäftigen, als unsere Familie nach Detroit, Michigan, umzog. In der zweiten Woche nach unserer Ankunft brach wegen eines Zwischenfalls in einem Park ein Rassenkrieg aus. Mehr als 40 Menschen wurden in den nächsten Tagen getötet. Unser Viertel lag im Zentrum der Gewalt, und wir sperrten uns drei Tage lang zu Hause ein. Nachdem der Rassenkrawall zu Ende war und die Schule wieder anfing, entdeckte ich, dass ein Name genauso gefährlich sein kann wie eine Hautfarbe. Als der Lehrer bei der Anwesenheitskontrolle meinen Namen aufrief, starrten mich zwei Jungs an und zischten: „Bist du ein ‚kike'?" Ich hatte dieses Wort noch nie gehört und wusste nicht, dass es eine abfällige Bezeichnung für Juden ist. Nach der Schule warteten die beiden auf mich. Sie warfen mich zu Boden, traten und verprügelten mich. Seit jenem Sommer 1943 widme ich mich der Erforschung der beiden besagten Fragen."[28] Seine eigenen Lebenserfahrungen und seine Studien „brachten ihn … auf die Suche nach einer neuen Form der Kommunikation als eine friedliche Alternative zur Gewalt"[29].

Ein wichtiges Lernfeld dabei waren die US-amerikanische Bürgerrechtsbewegung und Martin Luther King. Hans-Eckehard Bahr berichtet in seinem Buch *Martin Luther King. Für ein anderes Amerika*[30] von einer Lernerfahrung in Chicago im Sommer 1966, die Parallelität und Zusammenhang von Rosenbergs Gewaltfreier Kommunikation und Kings politischem Handlungsmodell verdeutlicht:

„Am Abend Lagebesprechung bei Martin Luther King. Jesse Jackson, Andrew Young und Ralf Abernathy, die engsten Mitarbeiter, sitzen mit am Tisch. Was haben wir heute gelernt? King antwortet selbst: Nun, das Erste ist: offen dem anderen entgegengehen, auch wenn er mich bedroht; zweitens mit ihm sprechen, und drittens: ihm eine neue Handlungsperspektive bieten. Nur dadurch lässt sich, so der Pfarrer, die in jeder destruktiven Energie verborgene Lebensenergie freisetzen.

Ich notiere mit: Es gibt offenbar zwei verschiedene Modelle des Umgangs mit bedrohlich Fremdem. Das erste Modell: Man geht von der eigenen Angst aus, angegriffen zu werden. Daher muss ich mich – so der übliche Reflex – mit gleich großer Stärke wappnen wie der andere. Ich muss die Fähigkeit haben zurückzuschlagen, den anderen notfalls kampfunfähig zu machen. Also Böses mit Bösem vergelten.

Das zweite Modell, das Modell Martin Luther Kings, setzt ganz anders ein: King fragt sich bei der Lagebesprechung: Soll ich nur von gleichen Ängsten ausgehen bei mir und dem anderen? Warum nicht auch von den gleichen vitalen Überlebensinteressen? Warum nicht auch von den großherzigen Fähigkeiten, der Lust an der eigenen Power, an der Verantwortungsbereitschaft? Das wäre eine ganz andere, eine positive Kommunikation mit meinem Gegenüber: Es ist doch ein Unterschied wie Tag und Nacht, so King, ob ich den anderen nur von seiner Gewaltbereitschaft her definiere oder ob ich, darüber hinaus, auch seine Leben bewahrenden Impulse, seine konstruktiven Möglichkeiten beanspruche. Die Überlebensstrategien, das Versöhnungsinteresse bei mir und dem anderen wecken, dadurch würde ich einem Fremden etwas zutrauen und auch mich selbst bewahren. Das ist mit dem Begriff Feindesliebe gemeint. Darauf vertrauen, dass auch der andere fühlt und handelt wie ein Mensch. Heißt es nicht bei Jesus: Liebe deinen Nächsten, denn er ist wie du.“[31]

Bei Rosenberg waren es Gewalterfahrungen während der Rassenunruhen in Detroit bereits in den 1940er Jahren und aufgrund seiner Zugehörigkeit zum Judentum, die ihn fragen ließen, was zur Gewalttätigkeit von Menschen beiträgt. In seinem Psychologiestudium arbeitete er u. a. mit Carl Rogers (klientenzentrierte Gesprächstherapie), der Rosenbergs Arbeit sehr prägte. 1984 gründete Rosenberg das „Center for Nonviolent Communication“ in Sherman, Texas. Er arbeitete in ganz unterschiedlichen Konfliktfeldern in persönlicher Beratung, im Kontext institutioneller Auseinandersetzungen (Schulen, Kommunen), zwischen Landbesitzern und Saisonarbeitern in Kalifornien oder auch in politischen und zwischenstaatlichen Konflikten (z. B. Israel und Palästina). Rosenberg starb am 7. Februar 2015 in Albuquerque in New Mexiko, USA.

Anmerkungen

1 Vgl. dazu: G. Orth, Gewaltfreiheit – ein Name Gottes. Politische und spirituelle Wege zur Gewaltfreiheit. Arbeitshilfe der EEB Niedersachsen. Hannover 2014.

2 G. Orth, H. Fritz, Gewaltfreie Kommunikation in der Schule. Wie Wertschätzung gelingen kann. Ein Lern- und Übungsbuch für alle, die in Schulen leben und arbeiten. Paderborn 2013; dies., Bitten statt fordern. Ein Schulentwicklungsprojekt mit Gewaltfreier Kommunikation. Paderborn 2014. Im Kontext des erstgenannten Buches halte ich die Arbeit mit diesen Arbeitsblättern für sinnvoll; im Anhang dieser Arbeitsblätter verweise ich auf die entsprechenden Kapitel in diesem Buch.

3 Im Anhang finden sich unterschiedliche Möglichkeiten, mit den Arbeitsblättern zu arbeiten.

4 Copyright: 1986 Smilin Atcha Music Inc. Veröffentlicht auf Red Note Records 800-824-2980.

5 M. Rosenberg, Konflikte lösen durch Gewaltfreie Kommunikation. Freiburg 2009, S. 88.

6 Die Frage nach den Bedürfnissen ist der dritte Schritt des Kommunikationsmodells Gewaltfreier Kommunikation.

7 Dazu gibt es viele weitere Bedürfnislisten. Siehe dazu S. 16 f.

8 G. Fritsch, Praktische Selbst-Empathie. Paderborn 2009. S. 61 f.

9 Zusammengestellt von nvc-parenting-Yahoogroup (von Mitgliedern erstellt). (Übersetzung Susanna Mader / Isabell Peters.) Vgl. ↗ http://mosaik.homepage.t-online.de/gfkbed2.htm. Geändert und ergänzt von GO.

10 Leicht verändert aus: S. Pásztor, K.-D. Gens 2008. S. 82.

11 G. Fritsch, Praktische Selbst-Empathie. Paderborn 2009. S. 63 f. (Text leicht verändert).

12 G. Orth, H. Fritz, Bitten statt fordern. Ein Schulentwicklungsprojekt mit Gewaltfreier Kommunikation. Paderborn 2013.

13 Das Erspüren der Gefühle ist der zweite Schritt des Kommunikationsmodells Gewaltfreier Kommunikation.

14 S. Pásztor, K.-D. Gens, aaO. S. 83.

15 G. Fritsch, Praktische Selbst-Empathie. Paderborn 2009. S. 31 f.

16 Vgl. dazu M. Rosenberg, Erziehung. S. 60–62.

17 Die Beobachtung ist der erste Schritt des Kommunikationsmodells Gewaltfreier Kommunikation.

18 M. Rosenberg 2005. S. 45 f.

19 Die Bitte ist der vierte und abschließende Schritt des Kommunikationsmodells Gewaltfreier Kommunikation.

20 G. Fritsch, Praktische Selbst-Empathie. Paderborn 2009. S. 112.

21 G. Orth, H. Fritz, Bitten statt fordern. Ein Schulentwicklungsmodell mit Gewaltfreier Kommunikation. Paderborn 2014. S. 30.

22 M. Rosenberg, Erziehung. S. 87.

23 Die Idee zu dieser hier stark veränderten Übung findet sich bei L. Leu, Gewaltfreie Kommunikation. Das 13-Wochen-Übungsprogramm. Paderborn 2009. S. 175.

24 M. Rosenberg, Ärger einfühlend hören und ausdrücken. Berlin o. J. S. 39; vgl. auch M. Rosenberg, Gewaltfreie Kommunikation. AaO. S. 69 und 161 ff.

25 Michael Ende: Momo. Stuttgart 1973. S. 14. © 1973 Thienemann Verlag in der Thienemann-Esslinger Verlag GmbH, Stuttgart / Wien. ↗ http://www.thienemann.de

26 Zit. nach M. Rosenberg, Wie ich dich lieben kann, wenn ich mich selbst liebe. Paderborn 2006. S. 48.

27 Thich Nhat Hanh, Ich pflanze ein Lächeln. München 2007. S. 100.

28 M. Rosenberg, Gewaltfreie Kommunikation. Paderborn 2005. S. 21.

29 S. Pásztor, K.-D. Gens 2008. S. 93.

30 Berlin 2005.

31 AaO. S. 16 f. In anderer Sprache als bei Rosenberg findet sich hier die Gegenüberstellung von ‚Wolf' und ‚Giraffe' und den damit verbundenen Mustern. Die Nähe zwischen Rosenberg und King hinsichtlich der Argumentation und vor allem der Haltung, anderen Menschen zu begegnen, ist in vielen Texten, ohne dass ich dies hier im Einzelnen nachweisen kann, verblüffend.

Literaturhinweise

Schriften von M. Rosenberg (Auswahl)

Konflikte lösen durch gewaltfreie Kommunikation. Ein Gespräch mit Gabriele Seils. Freiburg: Herder, 2004.
Gewaltfreie Kommunikation: Eine Sprache des Lebens. Paderborn: Junfermann, 2009.
Das Herz gesellschaftlicher Veränderung. Wie Sie Ihre Welt entscheidend umgestalten können. Paderborn: Junfermann, 2004.
Erziehung, die das Leben bereichert. Gewaltfreie Kommunikation im Schulalltag. Paderborn: Junfermann, 3. Auflage 2007.
Die Sprache des Friedens sprechen. Paderborn: Junfermann, 2006.
Kinder einfühlend unterrichten. Erfolg durch gegenseitiges Verständnis. Paderborn: Junfermann, 2005.
Kinder einfühlend ins Leben begleiten. Paderborn: Junfermann, 2. Auflage 2007.

DVDs mit M. Rosenberg (Auswahl)

Einführung in die Gewaltfreie Kommunikation. Müllheim: Auditorium Netzwerk, 2006.
Gewaltfreie Kommunikation mit Kindern und Jugendlichen. Müllheim: Auditorium Netzwerk, 2012.

Weitere Literatur (Auswahl)

Bryson, Kelly: *Sei nicht nett, sei echt! Das Gleichgewicht zwischen Liebe für sich selbst und Mitgefühl mit anderen finden.* Paderborn: Junfermann, 2011.
Fritsch, Gerlinde: *Der Gefühls- und Bedürfnisnavigator.* Paderborn: Junfermann, 2010.
Fritsch, Gerlinde: *Praktische Selbst-Empathie.* Paderborn: Junfermann, 2009.
Gens, Klaus-Dieter: *Gewaltfreie Kommunikation nach Dr. Marshall Rosenberg. Einführung.* Berlin o. J.
Leu, Lucy: *Gewaltfreie Kommunikation. Das 13-Wochen-Übungsprogramm.* Paderborn: Junfermann, 2009.
Max-Neef, Manfred, Elizalde, Antonio, Hopenhayn, Martin: *Entwicklung nach menschlichem Maß. Eine Option für die Zukunft.* Aus dem Spanischen von Norbert Rehrmann und Horst Steigler. Santiago de Chile 1990; Kassel: Gesamthochschulbiblibliothek, 1990.
Max-Neef, Manfred: *From the outside looking in. Experiences in "barefoot economics".* London/New Jersey: Zed Books, 1992.
Mol, Justine: *Die Giraffe und der Schakal in uns.* Paderborn: Junfermann, 2010.
Orth, Gottfried, Fritz, Hilde: *„Ich muss wissen, was ich machen will ..." Ethisches Lernen und Lehren in der Schule.* Göttingen: Vandenhoeck & Ruprecht, 2008.
Orth, Gottfried: *Friedensarbeit mit der Bibel. Eva, Kain & Co.* Göttingen: Vandenhoeck & Ruprecht, 2009.
Orth, Gottfried, Fritz, Hilde: *Gewaltfreie Kommunikation in der Schule. Wie Wertschätzung gelingen kann.* Paderborn: Junfermann, 2013.
Orth, Gottfried, Fritz, Hilde: *Bitten statt fordern. Ein Schulentwicklungsprojekt mit Gewaltfreier Kommunikation.* Paderborn: Junfermann, 2013.
Orth, Gottfried, Fritz, Hilde: Gewaltfreie Kommunikation. In: *Lernchancen.* Heft 85/2012. S. 16–23.
Orth, Gottfried: „Es ist echt besser geworden!" – Gewaltfreie Kommunikation in der Schule. In: I. Holler (Hrsg.): *Und plötzlich öffnet sich eine Tür.* Paderborn: Junfermann, 2014. S. 124–129.
Pásztor, Susann, Gens, Klaus-Dieter: *Ich höre was, was du nicht sagst: Gewaltfreie Kommunikation in Beziehungen.* Paderborn: Junfermann, 2008.